跨境电子商务系列精品教材

商务部十二五规划教材

全国外经贸职业教育教学指导委员会规划教材

跨境电子商务案例分析

主 编 黄 斌 刘志惠

副主编 刘 莹 张雪梅 林晓怡

中国商务出版社

图书在版编目（CIP）数据

跨境电子商务案例分析/黄斌，刘志惠主编．—北京：中国商务出版社，2015.12（2021.12 重印）
跨境电子商务系列精品教材．商务部十二五规划教材．全国外经贸职业教育教学指导委员会规划教材
ISBN 978-7-5103-1450-6

Ⅰ．①跨…　Ⅱ．①刘…　Ⅲ．①国际贸易—电子商务—案例—高等学校—教材　Ⅳ．①F713.36

中国版本图书馆 CIP 数据核字（2015）第 315637 号

跨境电子商务系列精品教材
商务部十二五规划教材
全国外经贸职业教育教学指导委员会规划教材

跨境电子商务案例分析
KUAJING DIANZI SHANGWU ANLI FENXI

主编　黄　斌　刘志惠

出　版：中国商务出版社
发　行：北京中商图出版物发行有限责任公司
社　址：北京市东城区安定门外大街东后巷 28 号
邮　编：100710
电　话：010—64269744　64515137（编辑一室）
　　　　010—64266119（发行部）
　　　　010—64263201（零售、邮购）
网　址：http：//www. cctpress. com
网　店：http：//cctpress. taobao. com
邮　箱：cctp@ cctpress. com　bjys@ cctpress. com
照　排：北京宝蕾元科技发展有限责任公司
印　刷：廊坊市长岭印务有限公司
开　本：787 毫米×1092 毫米　1/16
印　张：12　　　　字　数：158 千字
版　次：2016 年 1 月第 1 版　2021 年 12 月第 2 次印刷
书　号：ISBN 978-7-5103-1450-6
定　价：33.00 元

丛书编委会

主　　任　王乃彦　吕红军

副 主 任　刘长声　钱建初

秘 书 长　陈　明　张　亮　吴小京

总 主 编　王　健

委　　员　(按拼音排序)

　　　　　陈　明　刁建东　董　微

　　　　　戈雪梅　黄　斌　刘希全

　　　　　刘志惠　许　辉　周安宁

本书编委会

主　　编　黄　斌　刘志惠

副 主 编　刘　莹　张雪梅　林晓怡

参　　编　曾　靓　吴洪兰　曹旭光

总　序

　　跨境电子商务最近几年非常引人瞩目。根据《中国电子商务发展报告》，跨境电子商务每年以不低于30%的增长速度发展。特别是自从阿里巴巴于2014年年底在美国上市，电子商务的发展更是突飞猛进。2015年，国务院和相关部委密集出台若干政策，鼓励跨境电子商务发展，改革创新对外贸易的监管方式，不仅批准跨境电子商务试点城市，还推出新的海关监管代码，批准杭州成为跨境电子商务综合试点城市。政府监管方式创新的探索与企业转型和商业模式创新交相辉映，构成了中国对外贸易发展的新图景。

　　实际上，无论是企业界，还是学术界，大家对跨境电子商务的理解还存在很大的差距。正如对电子商务的理解千差万别一样，对跨境电子商务的理解更是不尽相同。也许人们已经厌烦了外贸电子商务的说法，借助于国外的 "Cross-border E-commerce" 一词，表达了在外贸领域创新电子商务发展的意愿。

　　在国外 "跨境电子商务" 通常被狭义理解，即跨境电子商务就是跨境网上零售，主要针对个体消费者、网上交易、网上支付。这些交易在网上进行，并不属于通常意义上的传统国际贸易。

　　广义理解，跨境电子商务就是外贸领域内互联网及信息技术的不同层次的应用以及所来的市场变化。这些变化，包括主体变化、手段创新、业务运作方式变化、商业模式创新等，甚至包括所带来的全球商业规则和法律环境变化。

　　互联网全球普及至今不到20年时间，这些年，全球市场发生了巨大变化，网络虚拟市场已经把人类带入了新的经济发展阶段。人类商业生态环境发生了突变。在这个变化中，有些物种适应不了生态环境变化就会被淘汰，有些物种会逐步调整来适应新的生态环境变化而继续生存下来，甚至在新的生态环境下会出现新的物种。而这些物种就是我们所说的商业模式。旧的商业模式在不断地被颠覆，新的商业模式层出不穷。

这就需要我们教学研究者不断跟随实践变化，总结这些规律，并把实践中最新发展赋予概念、理论，并传授给学生，让学生可以快速掌握最新的知识。

跨境电子商务系列教材就是在这个背景下产生的。2015 年 6 月 1 日，对外经济贸易大学国际商务研究中心与阿里巴巴一同完成并发布了《跨境电子商务人才研究报告》，该研究发现目前市场上严重缺乏跨学科的复合型人才。企业普遍认为，现有学科人才培养严重脱离实践，相关专业学生对跨境电子商务领域的知识了解很不够。当然，人类进入互联网时代才刚刚开始，商业模式的创新至少还要持续 10～15 年时间，有关跨境电子商务的发展格局还没有完全定型，新知识、新概念层出不穷。我们还需要一个认知过程。

这次"跨境电子商务系列教材"的撰写是在跨境电子商务领域进行知识总结的一次探索。我们注意到以往一些跨境电子商务的书籍，有些是业内人士从实践和操作角度写的操作手册，或者是经验介绍，有些则把跨境电子商务仅仅理解为跨境网络零售，大量地介绍如何进行网上开店等。而本系列教材试图全面介绍在国际贸易领域电子商务的发展以及所带来的运作方式、商业模式的变化，既要反映跨境网络零售的实践发展，又要反映在外贸 B2B 领域的电子商务的发展。我们认为，跨境电子商务的发展、跨境网络零售会是国际贸易长期的一个补充，各种围绕 B2B 跨境电子商务的发展有不可估量的潜力，而目前发展格局已经初露端倪，我们在教材撰写的时候已经考虑了这些发展实践和发展趋势。

由此可以看出，尽管理论和知识总结落后于实践，但是对现有实践的总结和提升会为各方读者提供一个全面看待跨境电子商务的视角。

鉴于教材编写教师所处领域不同，视角不同，我们努力把握一致的方向，但是也难免对跨境电子商务这一新生事物认识不够深入。错漏之处，敬请读者批评指正。

王 健 教授
对外经济贸易大学国际商务研究中心主任
全国国际贸易实务研究会学术委员会主任
2015 年 8 月

前　言

伴随互联网的普及和物流效率的提升，国际采购与销售逐渐向小单化、多频次的方向发展。跨境电商是伴随这一趋势逐渐兴起的国际贸易新的表现形式，它突破了传统外贸由贸易商之间的贸易联系来实现商品交换的束缚，借助网络平台，逐步实现了贸易企业直接面向消费者进行产品销售的新模式。这一方式极大缩短了商品流转的时间，并且降低了商品贸易的成本，对于广大中小外贸企业经营方式的转型而言，具有现实意义。正是基于这点，中央政府大力支持跨境电商行业的发展。2015年5月，国务院发布《关于大力发展电子商务加快培育经济新动力的意见》，指出"跨境贸易是改革外贸生产方式，提振外贸的重要举措，可以解决传统消费造成的消费回流的问题，打通消费渠道，进一步激活消费市场。"随着跨境电商试点城市的增加，自贸区改革措施的跟进，跨境电商的发展进入井喷时期。面对这一历史机遇，外贸从业人员应具有崭新的思维和宽阔的视野，主动适应外贸领域的变化，迎接外贸发展的新时期。

与传统外贸的流程不同，跨境电商的运营主要以电子商务为操作实体，涉及选品、物流、数据处理、网络支付等构成。它更加强调电商运营企业运用互联网技术以及直面消费者需求进行交易的能力。面对这一全新的课题，本书以跨境电商案例为突破口，专注于跨境电商流程及其要点，从跨境电商选品、跨境电商物流与仓储、跨境电商支付、跨境电商海外推广等方面选取了代表性案例，以帮助读者了解跨境电商领域的发展特点。同时，本书兼顾跨境电商发展的新特点和我国发展跨境电商的新机遇，特别开辟了移动跨境电商、传统外贸转型、跨境电商与自贸区等新栏目，力求最大限度地还原跨境电商所涉及的领域和问题，为读者了解跨境电商、学习跨境电商、参与跨境电商、玩转跨进电商提供相应帮助，通过研读案例获得对跨境电商领域的认知，并引发思考，获得启示。

从教材的编排体例上，本书抛弃了章节等串联方式，通过专辑的形式组织跨境电商案例。为了便于读者顺利阅读案例内容，在案例描述前提供了案例背景和案例小百科。为了帮助学习和深入思考，在每个案例后增加了开放式的问题，授课教师可以通过这些案例思考题组织丰富多彩的课堂教学方式。

本教材可以作为大中专院校国际经济与贸易、国际商务、电子商务、商务英语等专业教材使用，也可以作为外贸从业人员从事跨境电商工作的参考资料。

本书共分八章，由黄斌教授领衔，刘志惠副教授统稿，刘莹、林晓怡、曾靓、张雪梅、吴洪兰、曹旭光负责具体编写。其中，刘莹编写第一辑、第二辑，林晓怡编写第三辑、第六辑，曹旭光编写第四辑，吴洪兰编写第五辑，曾靓编写第七辑，吴洪兰编写第八辑。

本书在编写过程中参考了大量网络资料和相关著作，在此我们对相关资料和著作的作者们表示深深的感谢！

本教材在初期研讨和后期审核中，获得了全国外经贸职业教育教学行业指导委员会有关专家的支持和帮助；在教材撰写过程中，还从福建多家外贸电商企业搜集素材，在此我们一并表示衷心的感谢。

由于编者水平有限、经验不足、时间仓促等因素，本教材难免存在疏漏与不足之处，敬请广大读者提出宝贵意见和建议。

编　者

2015 年 12 月

目 录

第一辑　跨境电商选品

　　选品，即选品人员从供应市场中选择适合目标市场需求的产品。选品人员一方面必须把握用户需求，另一方面，要从众多供应市场中筛选出质量、价格和外观最符合目标市场需求的产品。成功的选品，最终实现供应商、客户、选品人员三方共赢的结果。此为选品价值之所在。选品是跨境电商决胜中至关重要的要素之一。

　　从用户需求角度看，选品要满足用户对某种效用的需求，比如带来实际生活的便利，满足虚荣、消除痛苦等方面的心理或生理需求；从产品本身来看，选出的产品，则必须是外观、质量和价格等方面符合目标用户需求的产品。由于需求和供应都处于不断变化之中，选品也是一个不断更新的过程。本章将通过案例，对亚马逊选品的相关要素进行分析。

案例1　一个电商菜鸟的亚马逊选品历程

一、案例小百科

（一）亚马逊的自上和跟卖

　　跟卖，就是别人创建的产品页面，你也在这个页面里卖同样的东西。专业点的解释就是，亚马逊为了营造一个健康良性的竞争体系，希望吸引更多的供应商和制造商，给出质量最好、价格最优惠的产品，所以当一个卖家上传了某个产品的页面，这个页面的控制权就不再是这个当初创建页面的卖家的了，所有的数据讯息包括图片，都保存在亚马逊的后台，所有卖家只要有这个类别的销售权限的，他就可以点击【Have one to sell？–Sell on Amazon】，然后也开始卖这个产品。这样就出现了一个产品页面，底下有几个、几十个甚至更多的卖家在卖同一种产品。如果你的价格更优惠，或者你做 FBA，或者你是海外本地发货，你就能抢到黄金购物车，订单就是你的，赚钱多的就是你而不是创建人。这就是亚马逊的跟卖体系。

跟卖的好处：对于刚开的店铺，或者一直没有什么流量和单量的店铺就必须选择一条路，那就是跟卖，跟卖最直接的效果就是单量的增加。后面带来的影响就是流量上升，自己上架的产品也可能卖出去。可以抢购物车。一旦抢到购物车那么你就不用担心订单了。不会少的，除非你抢的购物车是平时根本就不会出单的那种。

跟卖还有一个好处就是，不用自己去创建页面，想卖就卖，不想卖就下架。省事省力省心。

既然有这么大的好处那么坏处肯定也免不了，这样才符合高风险才有高收益的定律嘛。是的，跟卖最可怕之处就是可能会被有授权的或者有品牌的卖家投诉，导致亚马逊关闭你的账户。

比如，你跟卖了一个产品，此前并不知道这个产品是不是品牌。如果这个产品的品牌商或者授权商发信给亚马逊投诉你，你又不能提供授权等相关证明，那么很抱歉，不管你努力了多久的账户，指标有多高，亚马逊一律都以关闭店铺作为处罚。店铺一旦被关闭，损失可不是一点点！

做跟卖就是打价格战，如果你的价格不能相对降低，你也许根本就拿不到订单，这样当然也无利润可言。而且你还冒着被别人投诉、被亚马逊关掉账户的风险，这样真的得不偿失。

那么如何才能安全跟卖呢？这里提醒大家注意以下三点，就能大大提高跟卖的安全性。

第一，跟卖的产品页面上，如果跟卖的人员较少甚至没有，就不去跟卖。因为如果一款产品好卖，不可能没有人跟卖。既然有人愿意跟，那么为什么页面都没有显示有跟卖的呢？最大的可能就是这个产品是有品牌或者有授权的，别人一跟卖就会被投诉。

第二，世界知名品牌不跟卖。你会说，我怎么知道哪个是品牌呢？大家可以把准备跟卖的产品的关键字，如名称、提供者等，用谷歌搜索一下，看看它是不是品牌的，也可以上商标网查看。

第三，如果收到警告信，立马撤掉所有产品。不管这个警告信是不是真的，我们首先需要做的就是把所有的侵权产品下架，然后我们可以告诉对方，要求他们提供授权副本或者其他证明文件。如果对方提供那么我们就删除，如果对方不理睬，那么还可以继续跟卖。但如果这个产品没什么利润或者多大销量，最好就不要卖了，不然被同行找麻烦也是一件闹心的事情。

运营亚马逊、速卖通、eBay 平台的卖家们都知道，速卖通或 eBay 这样的产品集市，它们的规则跟亚马逊是完全两样的。亚马逊是卖家自建上市产品（Listing），即"自上"，消费者搜索时，排名最前的是最热的上市产品，这样几乎就能揽下大部分的销售机会。

一旦把你的上市产品打造成热门产品，而且有品牌备案保护，则意味着日进千单。这是亚马逊大卖家们正在享受的福利。

不过，若想跟卖的话，就要小心被这条 Listing 的主人给投诉，因为他们可是有"武器"的。

在过去，创建上市产品的卖家通过定期修改礼物，以及搭配销售、贴上所谓的产品标签、更换产品包装等多种方法来保护自己的上市产品，让竞争对手不敢或者不愿意跟卖，现在则更为简单直接，只要卖家注册一个牌子，将自己的上市产品贴上专属标志并在亚马逊备案申请品牌保护，那么别人就不能跟卖，也就无法分享你的流量。

于是，我们也就不难发现为什么越来越多的亚马逊卖家会需要一个"牌子"，即平台销售规则催生差异化需求。换言之，一切为了销售。亚马逊卖家，只要注册一个美国联邦的商标，并向亚马逊备案，申请品牌保护，那他的产品就可以在美国全国受到保护。而且还有一个好处就是，成功申请品牌备案之后，上传 Listing 时就不需要再使用 UPC 码[①]了。

（二）波士顿矩阵理论

波士顿矩阵（BCG Matrix），又称市场增长率—相对市场份额矩阵、波士顿咨询集团法、四象限分析法、产品系列结构管理法等。

波士顿矩阵由美国著名的管理学家、波士顿咨询公司创始人布鲁斯·亨德森于 1970 年首创。

波士顿矩阵认为决定产品结构的基本因素一般有两个：即市场引力与企业实力。市场引力包括企业销售量（额）的增长率、目标市场容量、竞争对手强弱及利润高低等。其中最主要的是反映市场引力的综合指标——销售增长率，这是决定企业产品结构是否合理的外在因素。

企业实力包括市场占有率、技术、设备、资金利用能力等，其中市场占有率是决定企业产品结构的内在因素，它直接显示出企业竞争实力。销售增长率与市场占有率既相互影响，又互为条件：市场引力大，市场占有率高，可以显示产品发展的良好前景，说明企业也具备相应的适应能力，实力较强；如果仅有市场引力大，而没有相应的高市场占有率，则说明企业尚无足够实力，则该种产品也无法顺利发展。与此相反，企业实力强而市场引力小的产

---

① 英文全名：Universal Product Code。UPC 码是美国统一代码委员会 UCC 制定的商品条码，它是世界上最早出现并投入应用的商品条码，在北美地区得以广泛应用。UPC 码有 5 种版本，常用的商品条码版本为 UPC-A 码和 UPC-E 码。

品也预示了该产品的市场前景不佳。

通过两个基本因素的相互作用，会出现四种不同性质的产品类型，形成各自不同的发展前景：

（1）销售增长率和市场占有率"双高"的产品群（明星类产品）

指处于高增长率、高市场占有率象限内的产品群，这类产品可能成为企业的现金牛产品，需要加大投资以支持其迅速发展。采用的发展战略是：积极扩大经济规模和市场机会，以长远利益为目标，提高市场占有率，加强竞争地位。明星产品的发展战略及其管理与组织最好采用事业部形式，由在生产技术和销售两方面都很内行的经营者负责。

（2）销售增长率和市场占有率"双低"的产品群（瘦狗类产品）

也称衰退类产品，是指处在低增长率、低市场占有率象限内的产品群。其财务特点是利润率低、处于保本或亏损状态，负债比率高，无法为企业带来收益。对这类产品应采用撤退战略：首先应减少批量，逐渐撤退，对那些销售增长率和市场占有率均极低的产品应立即淘汰；其次是将剩余资源向其他产品转移；第三是整顿产品系列，最好将瘦狗类产品与其他事业部合并，统一管理。

（3）销售增长率高、市场占有率低的产品群（问题类产品）

这是处于高增长率、低市场占有率象限内的产品群。高增长率说明市场机会大、前景好，低市场占有率则说明在市场营销上存在问题，其财务特点是利润率较低、所需资金不足、负债比率高。例如，在产品生命周期中处于引进期、因种种原因未能开拓市场局面的新产品即属此类。对问题类产品应采取选择性投资战略，因此对问题类产品的改进与扶持方案一般均列入企业长期计划中。对问题类产品的管理组织，最好是采取智囊团或项目组织等形式，选拔有规划能力、敢于冒风险、有才干的人负责。

（4）销售增长率低、市场占有率高的产品群（现金牛类产品）

又称厚利产品，是指处于低增长率、高市场占有率象限内的产品群，它已进入成熟期，其财务特点是产品销售量大、利润率高、负债比率低，可以为企业提供资金，而且由于增长率低，也无须扩大投资。因而成为企业回收资金，支持其他产品尤其是明星类产品的投资后盾。对于这一象限内的销售增长率仍有所增长的产品，应进一步进行市场细分，维持现存市场增长率或延缓其下降速度。对于现金牛产品，适合于用事业部制进行管理，其经营者最好是市场营销型人物。

二、案例背景

Lily 是一名刚走出校门的国际商务专业的毕业生，经过一系列的笔试面试，最终她如愿进入了一家专门从事跨境电商贸易的 A 公司。A 公司成立于 2010 年 9 月，是一家以电子商务为经营模式的综合型国际贸易企业。主要经营产品种类有：户外用品、电子配件、家居用品、儿童玩具、服饰等。公司前几年通过运用自主研发的系统，从事跨境 B2C 业务，取得了良好的业绩，年销售额达到 3000 万美元，目前主要在第三方平台亚马逊、eBay、速卖通、Wish 上开展海外销售业务，并准备上线自营平台网站。

通过面试时的一番谈话和考核，公司老总觉得 Lily 做事认真细致，又有良好的英语基础，在市场调研和产品开发方向有一定的潜力，于是把她分配到品类部，负责亚马逊自上产品的开发。

三、案例详述

刚开始 Lily 对什么叫"自上产品开发"都一头雾水，所幸她有位好师傅 Sofia。Sofia 手把手地演示了亚马逊"自上"与"跟卖"的区别，并且告诉 Lily，由于涉及商标和同行无序竞争等问题，现在亚马逊已经逐渐放弃跟卖，转而开始与品牌商洽谈授权业务，准备做亚马逊自上销售，以期获得更高的利润空间和更好的发展前景。

与跟卖销售良好的产品不同，在自上环节中，最重要的就是开发具有竞争力的产品，这正是 Lily 所在岗位的主要工作。Sofia 语重心长地说："能不能开发出好的产品，能不能为公司打造爆款，是公司进入自上业务成败的关键。你一定要好好努力，早日把这项工作掌握熟练。"Lily 的脑袋像鸡啄米似的不住称"是"。于是 Sofia 给 Lily 布置了一项任务，要她将最近所学所想的东西做成一份总结报告。

经过一系列的恶补，Lily 总结了最近所学习到的一些内容并上网查阅了相关资料，做了一份总结报告交给 Sofia。

〈〈〈 关于亚马逊自上产品的选品步骤和技巧 〉〉〉

市场调查

一个产品在开发出来之前，需要大量的前期准备工作，其中最重要的就是做好市场调查，再进行商品销售的可行性分析，具体包括：

1. 消费者调查

选品开发人员首先要判断会不会有人买你的产品，了解消费者需要什么样的产品功能，怎样买，可以接受的价格，接触媒体的偏好等。总而言之，就是要知道你准备开发的产品有没有市场。

例如，选品人员若想要卖自行车前灯，那么就需要调查自己所要销售的产品是否有市场。

根据每个产品的特点，在不同品类下，找到相应的市场：

Unlimited Instant Videos	>	Sports	Outdoors
Digital & Prime Music	>	Athletic Clothing	Camping & Hiking
Appstore for Android	>	Exercise & Fitness	Cycling
Amazon Cloud Drive	>	Hunting & Fishing	Outdoor Clothing
Kindle E-readers & Books	>	Team Sports	Scooters, Skateboards & Skates
Fire Tablets and Phone	>	Fan Shop	Water Sports
Fire TV	>	Golf	Winter Sports
Echo	>	Leisure Sports & Game Room	Climbing
		Sports Collectibles	Accessories
Books & Audible	>	All Sports & Fitness	All Outdoor Recreation
Movies, Music & Games	>		
Electronics & Computers	>		
Home, Garden & Tools	>		
Beauty, Health & Grocery	>		
Toys, Kids & Baby	>		
Clothing, Shoes & Jewelry	>		
Sports & Outdoors	>		
Automotive & Industrial	>		
Amazon Home Services	>		
Credit & Payment Products	>		
Full Store Directory			

Let's Ride
Gear up for
summer cycling
› Shop now

CYCLING

bikes	see all accessories	lights & reflectors
kids' bikes & accessories	bike bells	pegs
clothing	bike covers	personal care products
parts & components	bike horns	
accessories	bike locks	
tires & tubes	bike mirrors	
bike racks & bags	bike pack accessories	
helmets & accessories	bike pumps	
wheels & accessories	fenders	
bike frames		
footwear		

Show results for

‹ Sports & Outdoors
‹ Outdoor Recreation
‹ Cycling
‹ Accessories
    Lights & Reflectors
    Headlights (7,344)
    Taillights (2,834)
    Headlight-Taillight
    Combinations (1,630)
    Lighting Parts &
    Accessories (6,590)
    Reflectors (1,774)

所得到的产品品类如下所示：

Sports & Outdoors > Outdoor Recreation > Cycling > Accessories > Lights & Reflectors > **Headlights**

注意每个产品都要放在正确的类目下，才能增加你的产品被买家搜到的可能性，减少平台对卖家的惩罚。

我们所要销售的自行车前灯属于户外运动大类中的自行车配件小类市场中的夜骑自动感应自行车前灯的细分市场。

2. 竞争对手分析

竞争者的调查：包括行业中有哪些竞争者？他们的产品各自的卖点是什么？各自有多少的市场占有率？等等。从中一方面可以学习先进经验，另一方面可以确定自己的竞争定位。例如，点击刚才搜到的自行车前灯的亚马逊网页，可以查阅所有在亚马逊销售的自行车车灯的销售情况以及顾客反馈。

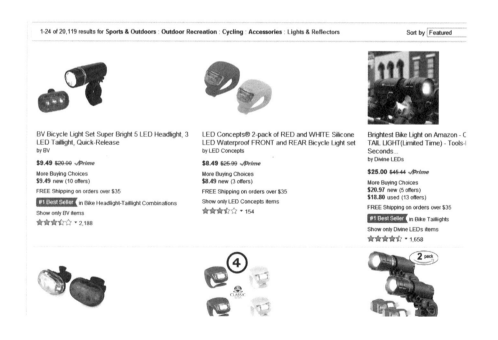

选品人员通过观察每个产品的售价和产品的特点，就可以知道在这个领域竞争对手的基本概况，如他们的产品的卖点、售价以及与市场上的同类产

品对比，自己的优势又在哪里？自己产品的不足之处，等等。至此，你对自己的产品才能有一个初步的了解和定位。

在自行车前灯市场中，每个产品的价格都是不尽相同。即使是同样的产品，它们的市场价位也是不一样的。这就需要你用锐利的眼光去发现它们之间的区别。切记，品质决定价格。

3. 自身优势的发掘

包括需要开发产品的物力，对市场的控制程等，在对这三方面充分了解的基础上，进行必要的分析，例如利用 SWOT 模型（优势、劣势、机会、威胁）分析该产品是否值得开发？开发将面临的问题是什么？需要解决的几个主要问题是什么？从而明确定位产品的销售属性。

产品的销售属性包括以下几项：

（1）价格

$$生产成本 + 物流成本 + 利润 = 价格$$

（2）质量

第一，包装方面，能否满足国外运输和国外销售的要求？

第二，功能方面，包括市面上产品的基本功能和我们开发出来的产品的基本功能。

例如，供货商提供的自行车的前灯主要是以小巧方便携带和自动感应来调整自行车前灯的灯光亮度来满足不同路况下的需求。这个是我们产品的最大的卖点。

（3）对产品档次的定位

之所以这么做，是因为我们在同一个产品的开发上不需要重复开发，以免造成对自己产品的市场份额的分割。

（4）物流问题

跨境电子商务的发展，带动了跨境物流业务的发展，两者相辅相成。可以说，物流是跨境电商的命脉。

需要注意的是：在跨境电商的物流运输上，有很多的物品是禁止运输的。例如下图所示：

粉末　　　　　　　　　液体　　　　　　　　　电池

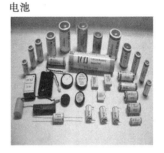

（5）货源问题

市场的大方向是一致的，虽然会有国内外的不同，但是差别不大，一般在国内卖得好的产品，在国外的市场表现也不会差。对于一个刚起步的小卖家来说，相对稳定的货源是很重要的。

国内从事跨境电商的卖家一般不会在天猫或是在淘宝上拿货，原因在于在这两个地方拿货价格相对较高，其中有中间商的层层加价。为获取更高的利润，卖家往往会选择在阿里巴巴或是阿里巴巴国际站拿货。

需要注意的是：供应商的选择并不是随随便便的，这其中也是有一定的技巧的，基本原则有如下两个。

原则一：供应商诚信经营年限少的不选择（个别情况除外）

理由是，这类经销商年限小，在市场上所占的市场份额不大，会因为备货少而存在缺货的可能性。

原则二：供应商的成交数量大但订单量少的不选择

理由是，这种供应商有可能存在刷单情况。

（6）国内外产品的差评

通过国外销售网站上的差评，可以看出类似款产品的差评主要集中在什么地方，有利于选品人员进一步改善，找到更加适应市场需求的产品；通过国内销售网站上的差评，可以了解所选取产品的劣势在哪里，从而扬长避短。

Sofia 对 Lily 精心提交的报告很满意，认为 Lily 在工作中足够用心，应该能够胜任这份工作。她又教给 Lily 一些在亚马逊选品的小技巧。Sofia 打开了 Lily 刚才研究的亚马逊车前灯网页，随意选择了一个自行车前灯，她告诉 Lily，我们在考察什么样的商品可以被开发时还可以注意如下两个方面：

首先是排名（rank）：一般放在商品描述的下面，如下图所示。

Amazon Best Sellers Rank: #21 in Sports & Outdoors (See Top 100 in Sports & Outdoors)

 #1 in Sports & Outdoors > Outdoor Recreation > Cycling > Accessories > Lights & Reflectors > **Headlight-Taillight Combinations**

 #1 in Sports & Outdoors > Outdoor Recreation > Cycling > Accessories > Lights & Reflectors > **Headlights**

产品的排名非常重要，因为它代表着这个产品现在竞争的程度，比如现在这个产品排在第一百名，那一百名前后的同类产品分别是哪些？从而可以帮助判断某一个品类的竞争程度。

其次是客户评价（review），其中最需要注意的是最有效评论（most helpful customer reviews）和最新评论（most recent customer reviews）。

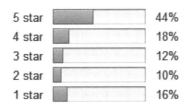

Customer Reviews

★★★☆☆ 2,188
3.7 out of 5 stars ▾

5 star		44%
4 star		18%
3 star		12%
2 star		10%
1 star		16%

Share your thoughts with other customers

Write a customer review

See all 2,188 customer reviews ›

Most Helpful Customer Reviews

26 of 27 people found the following review helpful
★★★★☆ **A must for biking at night**
By AlmostEverything84 TOP 1000 REVIEWER on December 6, 2014
Verified Purchase
Likes:
-Easy to setup and attach to bike
-Multiple adjustment fittings depending on the width of your bike frame components
-Bright noticeable lights with different flashing patterns or constant beam
-LED's, saves the battery
-Good price in-case they brake or get stolen

Most Recent Customer Reviews

☆☆☆☆☆ **Worth it for the price**
For how cheap the product is, it does a great job. I would not recommend if you are looking for a high quality set of lights but it gets the job done. Read more
Published 44 minutes ago by Garrett Wolcott

⭐☆☆☆☆ **One Star**
Tail lamp is not working, can you help me ?!
Published 10 hours ago by Giorgi

⭐⭐⭐⭐⭐ **Five Stars**
Perfect for my needs
Published 11 hours ago by Sarita Tijerina

⭐⭐⭐⭐⭐ **Nice addition to our folding bike for around the campground**
Nice addition to our folding bike for around the campground. Perfect for evening travels to let others know you're there.
Published 11 hours ago by Joseph (Joe) McFarland

　　按照波士顿矩阵理论，可以把待选产品划分成成长中的明星产品、不适销的问题产品、衰退中的瘦狗产品和成熟的现金牛产品。作为选品人员，不应该去找现金牛产品，更不能找瘦狗产品，而应该专注于成长中的明星产品。根据这个理论，结合亚马逊的评论情况，以图例来进行说明。

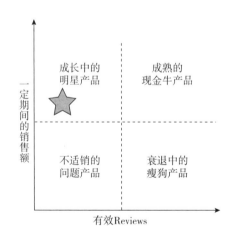

　　上图中的横坐标代表有效的 reviews 数量，纵坐标代表一定期间的销售额，根据这两个坐标，选品人员把左上角的区间划分为明星产品，就是上升期的一个产品，把右上角的这个坐标划分为成熟的现金牛产品，然后把左下角的区间划分为不适销的问题产品，右下角的区间是衰退中的瘦狗产品。

如果要选品，肯定不是去找别人的现金牛产品，因为别人的产品已经非常有优势了，你竞争不过他们。一定要去找还在成长当中，还没有变成现金牛，还没那么快成熟的产品，就是左上角的这个明星产品。所以说当你看到一款产品在一定期间的销售额非常高（近期评论也非常多），但它的最有效评论非常少的时候，你就要重点关注一下亚马逊上的这款产品。

Lily 觉得师傅 Sofia 的话让她受益匪浅。经过三个月的实习，Lily 已经大体掌握了亚马逊自上产品开发的一些技巧。于是 Sofia 决定让她独立开发产品，并规定三天内必须提交一个选品。

Lily 兴冲冲地开始了前期市场调查工作。她结合亚马逊平台的商品分布情况和欧美客户喜爱户外运动这一消费特点，找到了一款手电刀，她认为手电刀兼具两种功能，既可以在户外野营时作为照明工具使用，又可以解决野外活动需要的刀具问题，一物两用，节约了户外运动爱好者的存储空间。她在亚马逊平台查找这一产品的销售情况，发现此种产品供货商不多，是个值得开拓的产品线。于是，她又查找了该产品的国内供货商，与地处义乌的一家供货商取得了联系，对方可以保证供货，资信也是良好，产销量很大。

Lily 把结果反馈给 Sofia 并准备开始采购样品。Sofia 表示满意，商品很顺利地通过了审核，但在采购样品入库的时候，仓储人员提醒 Lily："这个产品有可能不能做。"

Lily 很不解，仓储人员说："你有没有查过快递物流的禁运物品名录？"Lily 认真查阅了名录，发现手电筒若含有电池是不可以空运寄送到国外的，同时刀具也属于许多快递商禁运的物品之一。若是物流问题无法解决，再好的东西也无法送到美国消费者手中。

Lily 很失望，这几天她把网页都快翻烂了，却是这样的结果。她在工作日记中写道："我发现好像真的是万事开头难，有点烦。最近公司要求每个开发小组的人都要自己开发新的产品出来。我不是找了一款手电刀吗？审核也过了。但是采样时仓库人员提醒我这东西里面带了一把匕首，属于管制刀具，是海关禁运的东西。就算我们上架了，这玩意儿也运不出去。我瞬间崩溃了。辛辛苦苦找到的产品难道就要这样胎死腹中吗？？？所以我又问了一下熟悉运营的老员工，他说因为刀具具有攻击性，所以亚马逊平台监管得比较严格。一旦被发现了，上架的产品就会被封掉。我觉得好伤心啊，好几天的分析时间还有精力就这样浪费掉了，真是欲哭无泪。这是自最近改变了审核标准后我好不容易才通过的第一个产品啊，好可惜，就这样被搁浅了。心情好郁闷。工作开展得太不顺利了。"

碰到这种情况，没有别的办法，只能重新再来。正好这段时间正在清库存，仓库员工经常加班，他们不仅要负责理货还要负责想办法把陈年旧货折现处理掉。中午吃饭的时候 Lily 路过那些成堆的积压商品，感到非常惊讶，她问 Sofia："怎么会有这么多陈货？"Sofia 也很无奈："不是每个开发出来的商品都有好的销量。如果销售不好就会积压，积压多了占用资金也多，公司现金流就会断掉，清货也是无奈之举。前一段时间公司做跟卖，剩下的存货特别多。所以我们才一定要做自上啊。"

Lily 非常震惊，当晚她在日记中写道："最近公司一直在清库存，公司把很多积压货物清理了出来。然后发现好多东西都好难清出去啊！问了下仓库的人，他们说好多都是陈年旧货，在那边堆了至少一两年了。听到这些我瞬间有种不好的感觉，因为其中有些产品虽然数量少但是货值好大啊，都很贵的。这些产品是不能再弄到亚马逊上去卖的，因为之前被人家投诉了，如果不想影响公司账号安全的话就不能挂上去，而且还不能退货给厂家。突然间我就觉得选品工作真是压力山大！"

选品交货期眼看就到了，Lily 废寝忘食地工作，竭力赶在最后期限前选出一份新产品，并通过审核。终于，皇天不负有心人，她发现了帐篷灯应该有不错的销量。吸取上次选品失败的教训，她非常认真地进行了产品调研，并制作了一份产品调研报告。

《《 关于帐篷灯上架亚马逊的产品调查报告 》》

市场调查

纵观欧美户外运动的发展路径，户外运动的大众化，是其发展的动力和催化剂。户外参与群众的数量不断扩容，是户外产业获得较快发展的必要条件。泛户外，有别于专业户外的高难度高风险，更偏向于健康休闲娱乐的户外运动，目前已成为户外行业发展的主流。宽泛的定位带来更广泛的消费群体，目前国内户外产业已由专业化市场逐步转变为大众需求市场。

据分析，2012 年美国参加户外活动的人占总人口数的 49.4%，也就是说将近一半的美国人，大约 1300 万人会购买户外装备。"泛户外"不需要特别顶尖的装备，高性价比的国内户外品牌与其定位较为契合。所以中国制造的物美价廉的户外服饰及装备，备受户外运动者的青睐，有着无限的潜力和广阔的发展空间。

1. 徒步 & 野营的搜索定位

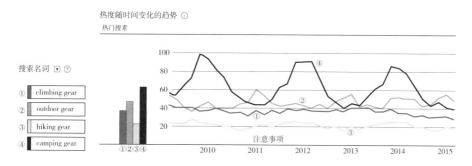

对比徒步与野营（Hiking & Camping）从 2010 年至今在美国的流行趋势，主要呈现以下特点：

（1）Camping Gear

季节因素较大，在每年 7 月达到搜索高峰。Camping 搜索量比 Hiking 要高些。

（2）Outdoor Gear

从户外装备整体角度来看，全年受关注程度比较平稳。

2. 徒步 & 野营产品的关注度分析

Terapeak 数据显示，徒步 & 野营受关注产品线从高到低排序依次是：户外手电筒、提灯、刀具、户外厨具、登山包、帐篷、急救工具等。

（1）市场总额与份额统计

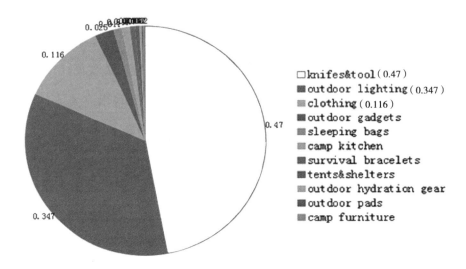

由饼状图可以看出，户外行业各类产品的成交总额（gross merchandise value，即 GMV）中占比最高的两条产品线分别为刀具、户外灯具。户外灯具虽然竞争压力大，但是它的市场份额相当可观。

（2）户外买家人群分布（GMV 占比）

户外装备买家人群主要集中在美国、加拿大。其中美国买家占比高达半数以上。（见下页图中数据）

所以，在维持现有市场稳步增长的前提下，我们仍将把重心放在美国和加拿大。

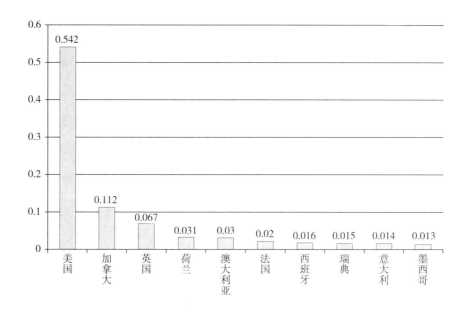

产品调查

主要调查同类产品的功能、质量、价格，以及主要优缺点。

1. AMAZON 上同类产品的主要特征

（1）AMAZON 上的野营灯主要是以 LED 灯为主，少数是煤油灯和煤气灯。我们的产品是 LED 的，符合现在对节能环保的要求。

（2）主要电源是电池，个别产品有多种充电方式。我们的产品有多种充电方式，可以满足消费者在户外较长时间的用电。

（3）市面上的这类产品的平均价格大概在 27.569 美元左右。计算方法：根据搜索出来的产品，把前 5 页所有产品的价格加起来；再去掉 5 个最低价格、5 个最高价格——这么做是为了避免可能存在的竞价和恶意抬高价钱等不正当竞争；然后除以产品价格的个数，就是我们所要的平均价格。

（4）根据市面上的价格，我们把产品大致分为三个档次：低—中—高。每个档次所对应的价格不一样，当然产品质量也会有所不同。我们的产品属于中档产品。

2. 总结 AMAZON 上相似款的差评（缺点）及我们产品的优点

AMAZON 上的相似款差评：

（1）收到的产品是坏的，LED 灯已掉落。光线不够亮，感觉像是蒙着一层阴影。（分析：产品运输途中的损坏是正常现象，该差评是属于运输问题导致的，不属于产品本身的质量问题。）

（2）看起来像是有不同的亮度设置，但实际上这盏灯只有一个（全亮度）设置。（分析：我们的产品与这款产品的外形一样，但是我们的产品亮度有三个档可供客户选择。若是客户有其他要求，我们还可以上架 60LED 和63LED，以便让客户有更多的选择。）

（3）照明的时间没有像产品说明所介绍的那样，使用很短的时间就没电了。（分析：网上的产品介绍说可以连续照明 15 个小时以上。对此我们需要采样后自己进行测试，根据产品的实际情况来填写，避免造成差评。）

（4）这个产品的 USB 不能正常工作。（分析：应采样检测我们的产品是不是也会出现同样的情况。）

我们所选产品的优点：

我们所选的产品是根据市面上同类产品的缺点来进行改进的，所以市面上产品的缺点就是经过改进的我们产品的优点。

竞争对手调查

目前，通过 AMAZON 搜索"野营灯"得到了 3237 条产品供应信息，这些产品的卖家大多都是我们的竞争对手，在这类产品上，很大卖家已经走在我们的前面。

这些卖家的优势主要有两点：其一，这些卖家的销售时间较长，有较多的评价，销量也较大；其二：其中一些野营灯，它们的销量主要是根据品牌的力量（如 Coleman 品牌）。

1-24 of 3,237 results for Sports & Outdoors : Outdoor Gear : Camping & Hiking : Lights & Lanterns : Lanterns   Sort by New and Bestselling ▾

See Color Options

See Style Options

Ultra Bright LED Lantern - Best Seller - Camping Lantern - Collapses - Suitable for: Hiking, Camping, Emergencies... by Divine LEDs
~~$59.99~~ **$23.97** *Prime*
FREE Shipping on orders over $35
More Buying Choices
$23.97 new (2 offers)
$25.88 used (4 offers)
★★★★☆ (769)

LED Camping Lantern Features Fully Collapsible Design (Fits Easily Inside Your Backpack), Featherweight, rugged... by Xtreme Bright
~~$39.99~~ **$22.77 - $32.77** *Prime*
Some colors are Prime eligible
FREE Shipping on orders over $35
More Buying Choices
$22.77 new (2 offers)
★★★★★ (523)

MPOWERD Luci Inflatable Solar Lantern by MPOWERD
$13.94 - $71.99 *Prime*
Some options are Prime eligible
FREE Shipping on orders over $35
More Buying Choices
$13.94 new (13 offers)
$12.43 used (1 offer)
★★★★☆ (510)

用户调查

1. 露营参与群体

2013 年，美国参与露营总人数 4010 万，占总人口 14%；

2013 年，美国人参与露营总天数 5.977 亿；

从 2012—2013 年，大多数年龄段的露营参与率与上年基本相似。有所不同的是 18～24 岁这一年龄段参与率提高了 1%，而 25～44 岁这一年龄段参与率下降了 1%；

露营参与人数减少趋势得到控制，2012—2013 年人数减少了 423955，而此前 2011—2012 年这一数据高达 420 万；

到目前为止，搭帐篷仍然是最受欢迎的露营休息方式；

21% 的人会选择在山区露营；

63% 的 16 岁及以上露营者已婚或者有固定伴侣；

87% 的露营爱好者参与多种户外活动。

2. 露营旅程

2013 年平均每位露营者露营次数为 5.4 次；

43% 的露营者至少提前一个月计划露营行程；

34%的露营者不会提前预订露营地；

朋友结伴露营是所有年龄段中最常见的组合；

徒步是露营期间白天最受欢迎的活动，而篝火是夜晚最受欢迎的活动。

3. 购买行为

76%的露营参与者是在职者或尚未被聘用的学生；

电池灯具类是成年参与者购买最多的露营工具；

大多数露营参与者在家做准备的时候就会购买露营用品。

4. 首次露营参与者

在准备首次露营活动前，41%的参与者会购买丙烷或者液体燃料；

对户外的热爱和暂时逃离日常生活是激励很多人首次参与露营活动的最主要动因。

5. 未来露营趋势

85%的露营参与者首次参与露营的年龄小于15岁；至于目前在18岁以上的露营参与者，64%的人在他们13～17岁的时候已开始参加户外运动，这一数据在非露营者中仅为28%；同样的影响适用于户外参与者中。

大多数不参与露营活动的人所说的最多的原因就是因为家庭琐事没时间参与。

露营者为明年计划的露营次数平均为4.9次，比去年的5.5次有所减少。

调查数据显示：我们把在野外露营的野营爱好者作为我们的主要客户群，除此之外，我们还有一部分潜在的客户——13～18岁的青少年。根据市场的调查，这部分人群也同样存在需求，但是他们所要求的野营灯的价钱确实要比现在市面上的价格低10%（现在市面上野营灯的价格在27.569美元左右）。除此之外，在野营灯上希望开发出新的功能。

供货商调查

根据以上信息，我们在阿里巴巴国际站中选择了爱卡野营灯。这款野营灯采用电池供电方式，能够提供 USB 充电、多按钮电源调节、防雨水，可伸缩收纳，不占空间，主要材质为树脂，轻便不易磨损，价格适中。供应商为该品牌的生产企业，拥有完整的品牌和商标信息，且有七年站内销售经验，客户满意度高，还可免费提供样品。

经调查可以作为上架商品予以推荐。

作为一名职场新人，这份报告写得非常详细，有数据有事实。在产品审核评审会上，产品开发部的老总对 Lily 的工作给予了肯定。

自己的努力终于有了回报，Lily 非常兴奋。她在工作日记中写道："经过一周的努力，我终于找到了一款产品并且审核通过了。看到通过的时候我整个人简直高兴得要蹦起来了，一个劲儿地在朋友圈里面撒花。我找的是一款野营灯，大部分材质是树脂，可伸缩收纳，不占空间，样子小巧，非常可爱，还有多按钮进行电源调节，能够提供 USB 接口充电，价格合适。而且在亚马逊平台上卖这种款式的卖家也比较少，上架时间短但是评价多，评价间隔时间也短。所以我认为这是一款有市场前景的产品。按照这个想法来找产品，通过审核的概率就比较大了。现在我要做的就是采个样品回来再看一下，如果没有什么问题，基本上我的这款产品就能够上架了。辛苦一周终于有了收获，值了。"

经过最终的采用，Lily 开发的产品终于可以上架了，看着自己的产品挂在亚马逊上，Lily 每天都会向销售部的同事询问销售情况，从顾客反馈看，还是很不错的。"也许它有可能成为本公司今年的一大爆款。"Lily 心中一阵窃喜。她认真总结了这段时间的选品工作，并且对比了其他销售良好的商品。她在工作日记中写道："在寻找产品的时候，我发现其实很多畅销产品就是很简单的东西。它们只拥有最简单最基础的功能，但却在产品所属的类目下排名靠前。我不知道这些卖家具体是如何把这些东西卖得如此火爆的。就我自己的观察来看，这些东西那么简单，那它有没有什么特殊的地方？那它能够卖得那么好是不是因为占了先机或者推广工作做得很好？因为有些产品明明在某些地方比它们更有优势，但是这些产品的销量却比不上它们。这是个很奇怪的现象。也许是因为这些产品刚上架不久吧，也许是因为产品所属卖家的资质不好吧，也可能是因为他们的推广手段还不够吧？很多原因造成的因素，在现在这个时代特别是在网络上销售东西，真是酒香也怕巷子深。我想若要东西卖得好，不能光靠产品本身的质量和功能，曝光率也是很重要的。"

也许到下个阶段，增加产品的曝光率也是跨境电商的一项重要工作。

四、案例思考与练习

1. 请结合上述案例分析亚马逊平台的选品原则和具体操作方法。

2. 请尝试自己选择一种商品并出具一份商品调查报告。

五、参考资料

1. 亿邦动力网 http：//www. ebrun. com/20141216/118477. shtml

2. 思路网 http：//www. siilu. com/20141126/116469. shtml

3. 福步外贸论坛 http：//bbs. fobshanghai. com/thread-5479349-1-1. html

4. 百度百科

http：//baike. baidu. com/link？url = rrraVaAFEHIVXWauMVZzYRUGDmZjnBeqPgr4D39E7VltheKKK_8QG4uGw2h3ecmQ_5k61StiuSUAglecOfIoGa

第二辑 跨境电商物流与仓储

如火如荼的跨境电商业务的完成必须借助物流渠道运往消费国，而不同的物流媒介的选择不仅决定了物流速度，而且并直接影响到电商企业的竞争力。目前，借助传统的邮政物流进行商品配送出现了时效慢、丢包率高等问题。随着多家专业物流公司的出现，为了给客户提供更好的购物体验，跨境电商企业开始尝试借助这些专业的物流公司或跨境电商服务公司，完成物流转运、配送和仓储。本辑特别选取了亚马逊 FBA、跨境物流综合服务的 4PX 和顺丰"全球顺"三个跨境电商的物流仓储实例进行分析和探讨。

案例 2 体验亚马逊 FBA 物流系统

一、案例小百科

（一）亚马逊的物流模式

1. 物流成本的控制是电子商务企业成功盈利的重要因素

电子商务企业用虚拟的网络店面代替了实体店面，虽然节约了店面租金，却增加了物流成本。

当前"物流执行成本"（包括运输、订单处理、仓储、收发货和退换货等成本）已成为电子商务企业除销货成本外的最大支出。以当当网为例，2010年前九个月毛利润率为 22%。其中营销费用、技术费用和一般管理费合计占总销售收入的 9.3%，但仅"物流执行成本"一项就占到销售收入的 13%，致使公司前三季度（加上其他业务收益后）净利润率仅为 1%。

而亚马逊在 20 世纪 90 年代，"物流执行成本"也一度占到总成本的 20%，目前下降到 10% 左右，但仍占总销售收入的 8.5%（亚马逊最大的成本是"销货成本"，由于在销货成本的基础上确定售价，因此其销货成本占销售收入的比例一直保持在 80% 左右。至于其他成本，占总销售收入的比例较小）。

由此可见，物流成本的降低对电子商务企业非常关键。亚马逊当初之所以能扭亏为盈，其关键因素也是物流成本的降低。

2. FBA 开放物流

亚马逊如何加强对物流环节的掌控呢？答案就是大规模建设"物流中心"。截至 2013 年底，亚马逊在美国本土拥有物流仓储中心面积约 450 万平方米，在海外则达到 340 万平方米。

亚马逊最大的物流中心位于美国亚利桑那州凤凰城，它占地超过 11 万平方米，可容纳 28 个足球场。在这里工作非常耗费体力，因为员工们需要举起

20 公斤以上货物，每天可站立或行走 10~12 小时。即使在物流中心里面，他们每天也要走上 11~24 公里。

　　每当有人向亚马逊订货时，订单会传到员工的手持扫描仪上，这款设备可指引工作人员所需货物所在的位置。对货物进行扫描后，工作人员可将其放在手提包中，然后再对手提包扫描，最后放到传送带上准备出货。物流中心的传送带非常快，在肯塔基州 Campbellsive 物流中心的传送带，每秒钟可处理 426 份订单。

　　上述物流中心，除了为亚马逊自己的货物提供收发货、仓储周转服务外，也为亚马逊网站上代销的第三方卖家提供物流服务。

　　无论是个人卖家还是中小企业，都可以把货物送到较近的亚马逊物流中心，亚马逊按每立方英尺每月 0.45 美元收取仓储费（相当于每立方米每月人民币 106 元）。

　　客户下单后，亚马逊的员工就会负责订单处理、包装、发货、第三方配送及退换货事宜，亚马逊收取 0.6~1 美元的分拣包装费、每磅 0.37~0.4 美元的订单执行费用标准。

目前，由第三方销售的商品占到亚马逊总销量的 30%，活跃的卖家有 190 万，通过亚马逊系统配送的货物达 100 多万种。

通过物流中心，亚马逊将分散的订单需求集中起来（不仅是信息集中，也是货物集中），再对接 UPS、基华物流等规模化物流企业，以发挥统筹配送的规模效应。

我们可以将 FBA（Fulfillment By Amazon）想象成亚马逊网络服务的又一个 API 接口，它使得亚马逊庞大的物流中心网络，成为一个开放平台，中小商家们只需要支付一定费用，就可以将复杂的物流管理完全交由亚马逊"物流网络"专业完成。尤其是对于在亚马逊开店的中小型商家，FBA 提供了相当大的便捷，进而促进了亚马逊 MarketPlace 服务的发展。目前，第三方平台业务交易额占亚马逊整体交易额的比重已上升至 40%。该项服务相对于亚马逊的自营电商业务而言毛利率较高。MarketPlace 及 FBA 业务的发展，逐渐成为拉升亚马逊毛利率的主要因素。通过这项服务，亚马逊的仓库利用率也将得到提升，尤其是在购物淡季，空置的仓库可以高效运转起来，有效提高了投资回报。

（二）亚马逊 Marketplace

1. 亚马逊 Marketplace 的发展历程

亚马逊 Marketplace 可划为三个发展阶段：防御 eBay 阶段、FBA 阶段、KDP 阶段。

（1）防御 eBay 阶段（1999—2006）：为了同 eBay 竞争，亚马逊于 1999 年 3 月上线亚马逊拍卖（Amazon Auctions）业务。同年 9 月，亚马逊发布了 zShop 服务，将个人拍卖业务扩展至中小商家，允许他们在 zShops 上开店，展示并出售其商品。2000 年 11 月，亚马逊在拍卖和 zShops 业务整合的基础上，推出第三方开放平台 Marketplace。第一阶段亚马逊仓促地开放，其中重要的目的是为防御发展更为迅猛的 eBay，但亚马逊 Marketplace 缺乏配套设施的支撑，加上自身用户数量少，对商家的管理经验也不足，推出后的好几年亚马逊 Marketplace 并没有发展起来。至于"2001 年第四季度亚马逊 Marketplace 订单量已占到 Amazon.com 总体订单量的 15%"的宣传，其中的水分可以说相当大。

（2）FBA 阶段（2006—2010）：2006 年亚马逊市值开始超过 eBay，其坚持高质量的重模式开始取得了对 eBay 的优势；在平台开放方面，亚马逊于 2006 年 9 月上线了两项关键服务：WebStore by Amazon 和 Fulfillment by Amazon（FBA）。第一项服务允许商家利用亚马逊的技术创建自己独立的电商网站，采取的是 POWERED BY Amazon 和 WEBSTORE BY Amazon 形式，亚马逊的硬件和软件资源有偿提供给第三方使用，其中就包括第三方电商网站，这为开放平台的发展提供了技术保障。第二项措施对开放平台的发展作用更大，直接为卖家解决了仓储物流的难题，亚马逊借助这项服务使其开放平台业务进入了快速发展的轨道。

（3）KDP 阶段（2010 年至今）：2010 年 1 月亚马逊推出了 KDP（Kindle Direct Publishing）的前身 DTP（Kindle Digital Text Platform），图书作者或出版机构可以直接在亚马逊平台售卖书籍；同年 11 月，亚马逊启动 Amazon Studios 吸引制片人和编剧通过其平台售卖作品，这标志着亚马逊的开放平台进入了新的发展阶段，由实物商品扩张到了数字产品。与此同时，亚马逊的 FBA 服务经过了几年的发展完善，越来越多的商家开始使用这项服务。到 2012 年底，亚马逊大约有 200 万活跃商户；目前，亚马逊来自开放平台的交易额占其美国主站的比重接近 50%。亚马逊 Marketplace 的交易额约为 eBay 平台的一半，但其商户质量明显更高，接下来几年有望超越 eBay。

2. 亚马逊 Marketplace"宽进严管"

亚马逊 Marketplace 整体属于 B2B2C 模式，有别于 eBay 的 C2C 模式，除了最早期采取过拍卖方式外，其后一直采取固定价格销售。对于亚马逊来说，最初上线 Marketplace 多少是出于防御的考虑，但在发展过程中，Marketplace 除了能给消费者更多更广的选择外，由于模式轻，Marketplace 也逐渐成为亚马逊改善毛利及盈利的最重要方向。

整体说来，亚马逊 Marketplace 采取"宽进严管"的方式，个人和企业都可以在其平台开店。企业商户需每月缴纳 39.99 美元的固定服务费，之后的佣金和其他费用与个人卖家一样，区别在于企业商户可以在更多的类目下卖更多的产品。对于每月卖少于 40 件商品的个人卖家来说，每月不需要缴纳固定的服务费，只要为每个商品支付 0.99 美元的"上架费"，就能一直保持该商品的上线状态直到被卖出。

应该说，亚马逊 Marketplace 的入驻门槛很低，它有 20 多个类目完全对外开放，对卖家没有任何资质要求；其他一些类目，需要具备一定条件后向亚马逊申请，但整体而言要求也不高；而且，亚马逊还允许卖家售卖旧的或维修过的产品。虽然亚马逊 Marketplace 的进入门槛低，但其对卖家的管理并不松。无论是个人卖家还是企业卖家，都必须遵守亚马逊的全方位保障条款（A-to-Z Guarantee program），买家权益受到侵害时会得到亚马逊的全面支持。

3. Marketplace 确保与自营一致的品质

自营 B2C 做开放平台的一个大问题是无法保障开放平台的质量与自营一致，从而降低了消费者对整个平台的好感度。亚马逊从成立开始就极端地重视用户口碑，不愿意为了增加交易额而牺牲质量，为此亚马逊要求卖家提供 A～Z 保障服务，努力使开放平台达到自营业务的品质以保持品牌形象。

与 eBay 以及国内电商的开放平台以店铺为中心不同，亚马逊的开放平台采取以产品为中心的结构。亚马逊不为卖家开辟专门的二级域名，大多数店铺的首页（Storefront）就是产品列表页，以淡化店铺、确保亚马逊平台的统一品牌形象。另外，亚马逊 Marketplace 在展示产品信息时尽量去个性化，特别是对于一些标准化的产品，各卖家使用的是统一的详情介绍页面，这个页面的信息一般遵循品牌厂商对该产品的介绍。有一个统一的产品详情页，可以节省卖家很大的工作量，也减少了卖家通过不实介绍来促成交易的情况，引导卖家把时间和精力放在价格、配送、售后等内功上面。

4. 亚马逊 Marketplace 的发展优势

决定开放平台能否做起来的关键因素包括网站流量、仓储物流、支付手段、技术实力、生态搭建等，亚马逊在这些环节都有相当明显的优势。

网站流量方面，亚马逊 1996 年就首创了网站联盟（Amazon Associates），使别的网站为亚马逊导入流量进行分成，其联盟几乎包括主流的互联网网站；而亚马逊通过优质的服务可以把用户积累下来，逐渐形成正向循环；目前，亚马逊主站的网站流量世界排名第六位，而且其用户质量还相当好，这对第三方卖家来说极具吸引力。

仓储物流方面，亚马逊的优势更加明显。2005 年上线的 Prime 服务就能达到 2 天送达；随着仓储中心逐渐遍布全美，亚马逊现在已经可以实现商品 1 天送达。其对卖家开放的 FBA 服务，一方面可以为卖家减少成本，另一方面还能确保亚马逊质量的一致性，无论是对卖家还是买家来说都相当具有吸引力。

在支付手段方面，亚马逊有自己的支付服务 Amazon Payment。技术方面更是优势明显，其推荐系统算法在电商领域无人能敌，AWS 云计算服务使其成为云技术领域最重要参与者之一，而它先进的仓储系统一直是各大电商学习的对象。另外，亚马逊重视现金流，资金实力强大，它能做到 14～21 天完成与卖家的结算，账期较短，受到卖家的欢迎。

5. 亚马逊 Marketplace 所面临的挑战

与 eBay 相比，亚马逊在支付和移动端发展方面稍微落后。eBay 旗下的 PayPal 是使用更为普遍的第三方支付工具，特别在跨境电商方面 PayPal 优势更为明显。亚马逊的全球售卖业务（Globe Selling）一直没真正发展起来，缺少良好的支付方式是其中的一个重要原因。在移动端方面，目前亚马逊主要是利用 Kindle 系列产品卖数字产品，它的实物商品在移动端的销量占整体销量的比重不高。当用户的购物行为由 PC 端向移动端转移已成大趋势的背景下，eBay 利用移动端的业绩推高股价，而亚马逊在这一方面稍显黯淡。

亚马逊在很大程度上解决了左右手互搏的问题，但并没有完全处理好与第三方卖家的关系。亚马逊 Marketplace 给卖家可操控的地方太少，卖家同卖家之间最后就只剩价格的竞争。另外，亚马逊会根据开放平台的数据扩充自营业务的品类，这会导致自营业务和第三方卖家造成竞争。亚马逊既当选手又当裁判，难免会引起一些卖家的不满。

eBay 没有自营业务，它与线下零售商的竞争相对较小；在亚马逊迅速壮大，很多线下传统零售商对亚马逊不满之际，eBay 借机向线下渗透。一个典型的例子是 eBay 旗下的本地购物搜索公司 Milo 导入线下零售商的数据帮它们进行在线销售。一旦有了订单，通过 eBay Now 派人线下取货并提供当天送达服务，这样 eBay 就和线下商户结成了利益联盟，在一定程度上能威胁到亚马逊。

（三）FAB 标签的注意事项

正确做法：

1. 检查每一款产品是否与网上填写的运输数量一致。

2. 用激光打印机打印合适的标签，纸张大小要适宜，确证标签不会看不清或被弄脏。

3. 依照用亚马逊提供的 PDF 文件，制作标签，把每个商品都粘上标签。

4. 确定物品的名称和属性与所粘标签相符。

5. 在承运人的标签下面，粘上集装箱的标签。

6. 选择能提供跟踪号的承运公司，这样亚马逊可以跟踪货物情况。用

Ship and Track 按钮输入跟踪号。

错误做法：

除非你的账户已经建立了混合互联库存（Stickerless commingled inventory），否则别忘了贴标签。

1. 不要用喷墨式打印机打印产品或包装标签。

2. 不要把包装标签粘到有可能会损坏的接口处，会影响扫描。

3. 不要让运输的包裹重量超过 50 磅，否则要贴上提示标签。

4. 不要把不同运单的物品合在一起运输，运输数量一定要与填写的一致。

5. 发货数量不要比网上填报的数量多。

6. 发货包装箱上不要仍保存前一次发货的发货单，容易混淆。

二、案例背景

Jason 所在的公司 Joy Trading Corporation，专业从事跨境电商外贸交易，公司最早通过速卖通从事跨境电商交易。但在速卖通平台交易过程中，公司发现，2011 年后随着中小卖家的不断进入，同质化产品越来越多，价格优势也越来越小，许多产品的利润已经非常低了。

为了开拓市场，Jason 所在的公司决定进军 eBay 平台销售。刚开始经营状况非常好，大多数产品都可以保持在接近零库存状态。但 eBay 的开放式平台很快又吸引了众多中小卖家以超低价格进入。竞争状态开始恶化，而且一旦开发出一个爆款，马上就有其他卖家跟风销售，价格竞争可谓惨烈。

公司负责人在认真比较各个电商平台的运行规则和竞争情况后决定，公司应该上升到一个新的高度，开发自有品牌，从传统采购商向产品开发商的角色转变。这样才能避免无序价格竞争，提高公司利润，获得稳定的增长。这时候，注重产品品牌优势和欧美中高端客户的美国亚马逊平台进入了公司负责人的视野。

许多自有品牌的跨境电商企业都在通过亚马逊平台拓展销售业务。借助亚马逊带来的庞大的流量，借助亚马逊平台已经建立的中高端消费者的消费黏性，跨境电商企业可以获得更高的利润和更多的客源。Jason 所在的公司经过多次高层会议讨论并进行详细的考察之后，决定在亚马逊开店。

说干就干！Jason 所在的运营部完成了在亚马逊开店的一系列手续后，开始在亚马逊平台上产品。订单由少到多之后，公司又遇到了物流瓶颈。亚马逊自营平台的物流可以做到 Prime 会员美国本土 2 天送达，而 Jason 所在的公司最初是通过本土物流从国内发货，耗时较久，丢包率较难控制，大大降低了境外消费者的消费体验舒适度。

对于使用亚马逊 FBA 物流系统还是送到美国其他海外仓发货，Jason 的公司存在不同意见，最后决定委派 Jason 对使用亚马逊 FBA 物流系统的可行性进行调查分析。

三、案例详述

Jason 接受了老板的委派，开始着手调查亚马逊 FBA 的优势和运行方式。通过网络搜索和对多家企业的实地调查走访，Jason 得知，若企业销售的商品是标准尺寸且售价金额低于 299 美元，亚马逊 FBA 仓的运行费用主要包括以下几项：

收费项目

1	订单处理费（每笔订单 1 美元）
2	打包费（每个东西 1 美元）
3	称重费（每磅 0.37 美元）
4	仓储费（10～12 月每立方英尺 0.6 美元，1～9 月每立方英尺 0.45 美元）

若售价在 299 美元以上，则 1、2、3 项全免，只计算仓储费。

总体来看，很适合那些产品体积小、利润高的卖家。对其他产品而言，优势就不太明显。一般的美国仓储都比这个系统实惠。

Jason 分析了公司目前在亚马逊的产品线，认为公司主要经营的产品是在蓝牙音箱、充电器。他认为这种体积小、售价中等的商品非常适合使用亚马逊 FBA。

那么亚马逊 FBA 具体有哪些优势呢？通过与其他同行的交流，Jason 发现，除了节约物流成本，亚马逊 FBA 的其他优势还有：

1. 信用度高

当买家知道产品是由亚马逊直接处理的，那些对第三方卖家不信任的买家会更倾向于选择由亚马逊代理的商品。（可能有各种原因——不相信第三方卖家能像亚马逊那样准确处理订单和较快地发货；或者因为买家之前有在第三方卖家那里购物的不愉快经历；或者买家要买的东西是要当做礼物来赠送的，他们不想出现意外或者疑虑要买的东西是否是真的全新产品。）即使第三方卖家给出一个比亚马逊实还低的价格，仍有一部分买家会选择亚马逊 FBA。

2. 免邮

对价格比较在意的顾客会利用亚马逊推出的免邮费的优惠。如果订单金额高于 25 美元，或者选择亚马逊标明有优惠的产品，都会有两日之内免费送达的优惠。

FBA 享有亚马逊免运费活动——Super Saver Shipping（超级省钱）和 Prime Shipping（优惠运输）。前者是指用户订单超过 25 美元就可免邮费，不过送达时间为 5~8 天；而后者指用户只需交年服务费 79 美元，即可享受两日内送达的免邮费服务。

3. 曝光率高

FBA 商品出现在亚马逊搜索页前段的机会更多。由于 FBA 商品价格不包括运费和处理费，所以在 low price 条件下搜索时，会出现在搜索页上部。虽然有些卖家的商品价格会比 FBA 价格低，但需另付邮费。

4. 退货方便

若不使用 FBA，买家一旦发生退货是很麻烦的，即使在海外建仓，买家邮寄回海外仓库的话，也会产生退货整理的许多人工费用并降低商品归集和分拣的效率。如果加入了亚马逊 FBA，买家可以把这些产品直接退到亚马逊，借助亚马逊强大的智能化管理仓储管理系统，可以快速实现退货商品的分拣和回收，大大提高退货的效率。仅仅需要支付一点商品处理费用，就可以实现无缝快速退货处理，提高公司对商品退货的反应效率。

此外，通过使用亚马逊 FBA 系统，可以借助亚马逊的专业客服处理售后事宜。同时，也可以避免由物流引起的差评纠纷。

当然，使用亚马逊 FBA 也会存在一些问题，比如：在对产品重量不予考虑的情况下，费用比国内发货稍微偏高；退货地址只支持美国；后期还有可能要委托第三方将滞销货物运回；如果前期工作没有做好，标签扫描出问题会影响货物入库，甚至入不了库；只能用英文进行客服沟通。

权衡了利弊之后，Jason 认为从公司长远利益考虑，还是应该尽早涉足 FBA，消除物流隐患。于是他将相关报告提交公司老总。公司集体拍板后，决定上马 FBA 物流系统。

但要上马 FBA，必须处理好 FBA 头程①物流的问题，因为进入亚马逊 FBA 物流系统的商品必须经过国际运输送入亚马逊仓库，并且自主完成清关工作。公司目前有两种选择：通过传统快递公司寄送至亚马逊仓库；或者寻找头程代理公司，代理贴唛、分货全套工作并负责清关。到底选择哪一种方式更合理呢？

Jason 认真研究了 FBA 系统的运作模式后发现，FBA 没有收件人就不会帮

---

① 指转运货物从起运地运送到转运点的第一程。

你清关，不能给你交关税。货物在运输过程中一旦出现问题卡在海关，就没人帮你解决了。

出现扣关的原因有如下几种：

1. 特殊产品

例如眼镜、美容器械还有医疗仪器，这几类产品出口到美国需要提供 FDA（Food and Drug Administration，美国食品药品管理局）认证，如果提供不了这些文件是绝对不能进口的。

2. 反倾销产品

在商品发票上如果出现了美国国际贸易委员会认定的倾销商品，进入美国80%会被卡在海关。除非有美国当地公司负责解决，否则绝对无法进入美国市场。

3. 仿牌产品

仿牌货物在洛杉矶或者是纽约机场清关90%会被查，FBA 的货物被查的概率也是很高。

4. 关税

美国的关税起征点是200美元，正常的国际快递包裹申报超过了200美元都需交点关税。亚马逊 FBA 系统的仓库都是设在免税州，但在经过清关转运城市的时候关税也有可能产生，比如洛杉矶和纽约机场。如果当地没有人员代为申报关税，货物就会扣在海关无法处理。

5. 进口商资料

有时候美国海关要求货物入关时提供各种资料，如果没有当地人员负责填制单据，帮你处理，也会很麻烦。

同时，Jason 查阅了几个负责亚马逊 FBA 头程的公司，这些公司提供的服务大同小异，主要集中在：

（1）一条龙整柜、散货海运到各国的 FBA 仓库（美国、英国、德国、日本、加拿大），无须在目的地有公司（日本除外）。

（2）一站式快递到各国 FBA（德国、法国、英国、班牙、意大利、日本、加拿大），无须在目的地有公司（日本除外）。

（3）与亚马逊指定卡车公司合作，运费更优惠。

（4）提供国外短期仓储。

（5）提供贴唛、分货、托盘服务。

（6）提供国外退货到香港的运输服务。

（7）提供各大港口海运到 FBA 服务（深圳、香港、广州、上海、宁波等）。

这些服务能够比较好地解决 FBA 头程的问题，也能顺带克服亚马逊 FBA 操作的很多缺陷。Jason 比较了快递到亚马逊 FBA 仓库的快递公司，不论是 EMS、DHL 还是 UPS 或者 FEDEX，费用都比较高昂，且大批量通关也比较麻烦。作为初涉亚马逊的中小电商企业，可以考虑外包给 FBA 头程代理完成头程运输问题。

接下来，就是对货物进行 FBA 操作了。企业在运作 FBA 时，必须面临成本问题，如何核算成本呢？Jason 查阅了一些资料后，发现了一篇非常实用的经验贴：

首先，要先测量产品包装尺寸和重量，从而知道它在亚马逊的订单履行中心（Fulfillment Center）属于哪个尺寸等级（Size Tier）。

大体上来讲，产品分为标准尺寸（Standard Size）和非标准尺寸（Over Size）。只要产品的最长边等于或小于 18″，中间边等于或小于 14″，最短边等于或小于 8″，并且重量等于或小于 20lb，注意是同时符合这四个条件，那么这个产品就属于 Standard Size，反之则是 Oversize。在 Standard Size 和 Oversize 下，又分别有 small、medium、large、special 的级别，具体尺寸要求可见以上数据。只要产品的尺寸和重量有其中一项不符合上一层级（我们这里从上往下看产品层级），那么随之就考虑下一层级。

对于 Oversize 的产品，需要注意这里的 Weight 是体积重量（Dimensional Weight）[①] 和单位重量（Unit Weight）取其大者。

举个例子，产品 A，带包装的长宽高分别为 16″、11″、5″且重量为 5lb，那么这个产品就属于 Large Standard-Size Products。而产品 B，带包装的长宽高分别为 35″、25″、12″且重量为 45lb，那么这个产品就属于 Small Oversize Products。

第二步，根据产品的 Size Tier 计算产品的出库配送重量（Outbound Shipping Weight）。为什么会有出库配送重量呢？这个非常好理解，我们平常在 Z. cn 购买由亚马逊配送的东西时，不都是收到统一的上面印有 amazon. com 的快递箱吗？这里的 outbound shipping weight，就是亚马逊在产品出库的时候会加上一些包装保护材料和邮购盒，因此产品的出库配送重量不等于产品入库的毛重。

第三步，在判断好产品的尺寸等级以及出库配送重量后，我们接下来就可以预估使用 FBA 系统最后一公里的费用大约是多少。基本上，Fulfillment Fee = Order Handling Fee（订单处理费，按订单计）+ Pick&Pack（拣货费，按订单里产品件数计）+ Weight Handling（派送费，按产品出库重量计，以 lb 为单位）

举个例子，产品 A，Large Standard-Size，Unit Weight 是 1.5lb，则 Outbound Shipping Weight 就是 1.75lb，round up 为 2lb，那么 Fulfillment Fee 就是 $1.00 + $1.02 + $1.34 = $3.36。产品 B，Small Oversize，Dimensional Weight 是 8lb，Unit Weight 是 10lb，取其大者计算 Outbound Shipping Weight 即是 11lb，那么

[①] Dimensional Weight（体积重量）= （Length × Width × Weight）/166，长度单位是 Inch。

FulfillmentFee 就是 $\$0.00 + \$4.03 + 1.34 + [0.39 \times (11-2)] = \$8.88$。

以上，就是 FBA Fulfillment 成本的核算思路和操作。再总结一下，主要有三个步骤：

（1）使用 Product Size Tier 的表格判定产品的尺寸等级。

（2）计算 Outbound Shipping Weight，该重量等于 Unit weight/Dimensional Weight 加上亚马逊的 Packing Weight。对于标准尺寸的产品，可使用 Unit Weight；对于非标准尺寸的产品，Dimensional Weight 和 Unit Weight 取其大者。

（3）计算 Fulfillment Fee。Fulfillment Fee = Order Handling Fee + Pick & Pack + Weight Handling。

值得一提的是，亚马逊上有一个工具叫做 Fulfillment by Amazon Revenue Calculator，这个工具可以帮助你提供 FBA 物流成本的评估效率和比较，只要你将产品的 UPC 输入后会自动读取你在卖家后台录入的产品尺寸信息，同时输入你自己做 Fulfillment 的成本，即可比较。

也许有人会说，用这个计算，不是更方便么？那你前面讲那些有用么？没错，是更方便，但前期，我会建议你认真按照以上步骤去核算几款产品，只有这样做下来，你才可以非常清楚地知道亚马逊的 Fulfillment 成本的计算思路。日后只要知道一个产品的大约尺寸和体积，你也可以很快地估算大概成本。

那么 FBA 除了 Fulfillment fee 之外还有其他么？万一我的产品卖不出去，我该怎么处理？费用又是多少呢？其实 FBA 除了 Fulfillment Fee 之外，还有以下几项服务及可能产生的费用：

1）Inventory Storage（仓储费）：即只要你使用 FBA 仓库就会产生，每年的 10 月至 12 月是 $\$0.64$ per cubit fee per month，1 月至 9 月是 $\$0.48$ per cubit fee per month。

2）Long-Term Storage（长期仓储费）：如果你的产品在亚马逊存储超过一

年，亚马逊会加收 $22.50 per cubic foot 的长期仓储费。亚马逊会在每年的 8 月 15 日以及 2 月 15 日做一次清理。

3）FBA Label Service（标签服务费）：收费标准是 $0.20 Per Unit。如果你的产品没有贴标签，那么你需要支付这笔费用，好让亚马逊帮你贴好标签。

4）Return Processing：对于 FBA Unfulfillable 的产品，你可以选择 Return，运回某个美国地址的仓库；或者 Disposal，允许亚马逊弃货。Standard-size 的产品，Return $0.50 per unit，Disposal $0.15 per unit；Oversize 的产品，Return $0.60 per unit，Disposal $0.30 per unit。

以上就是 FBA 的基本成本，熟悉并掌握它就可以在使用 AMAZON 平台时更好地控制和优化成本。

注意，以上的成本透析基于下述两个前提：

（1）品类上非书籍、音像等媒介类产品；

（2）只考虑亚马逊 Order，Non-Amazon Order/Multi-Channel Order 暂不讨论。

Jason 在参考诸多信息，并完成了相关手续后，公司的 FBA 业务很快走上了正轨，销售业务风生水起。

四、案例思考与练习

1. 相较于速卖通和 eBay，亚马逊 FBA 对于提升物流服务水平都有哪些好处？

2. 请说明亚马逊 FBA 的操作流程。

3. 什么是亚马逊 FBA 的头程运输？头程运输的实现方式是什么？

4. 使用亚马逊 FBA 的物流费用应如何核算？

五、参考资料

1. 全国物流信息网 Http：//www.56888.net/news/2014610/5636136289.html

2. 网易财经 http://money.163.com/12/0905/15/8AL8MUCR00253G87.html

3. IPC. MEhttp://www.ipc.me/amazon-logistics-center.html

4. 福步外贸论坛 http://bbs.fobshanghai.com/thread-4808570-1-1.html

5. 雨果网 http://www.cifnews.com/Article/13529

案例3 顺丰"全球顺"创新跨境物流

一、案例小百科

（一）国外四大快递公司

1. UPS

1907 年，UPS 作为一家信差公司成立于美国，通过明确地致力于支持全球商业的目标，UPS 已发展到拥有 497 亿美元资产的大公司。如今的 UPS，或者称为联合包裹服务公司，是一家全球性的公司，其商标是世界上最知名的商标之一。UPS 不但是世界上最大的快递承运商与包裹递送公司，同时也是专业的运输、物流、资本与电子商务服务的提供者。

每天，UPS 都在世界上 200 多个国家和地域管理着物流、资金流与信息流。其亚太地区总部创建于 1986 年，位于新加坡，覆盖地域达 40 多个国家和地区。雇员：亚太地区 14946 人。亚太地区车队实力：共有各种车辆 1940 辆（包括包裹运送车、卡车、拖车、货车和摩托车）。营业设施：535 个（包括行政机构、配送中心、现场库存点、操作中心、转运中心、航站、仓库、医疗保健设施以及合同物流仓储网点）。亚太地区：每周 202 次航班。

（注：UPS 有中国危险品运输资格，价格与 Fedex 略有不同。）

2. FEDEX

属于美国,是世界最大的快递公司,联邦快递目前在亚太地区 32 个国家和地区有近 8600 名员工,公司的亚太区总部设在香港,同时在上海、东京、新加坡均设有区域性总部。1995 年 9 月,联邦快递在菲律宾苏比克湾建立了其第一家亚太运转中心,并通过其亚洲一日达网络提供全方位的亚洲隔日递送服务。根据公司在美国成功运作的"中心辐射"创新运转理念,亚太运转中心现已连接了亚洲地区 18 个主要经济与金融中心。联邦快递每个工作日运送的包裹超过 320 万个。它在全球拥有超过 138000 名员工、50000 个投递点、671 架飞机和 41000 辆车辆。

(注:Fedex 有中国危险品运输资格。)

3. DHL

属于德国,是最早进入中国的跨国快递巨头,1969 年由 Adrian Dalsey,Larry Hillblom 及 Robert Lynn 在加利福尼亚成立。目前 DHL 在 229 个国家有 675000 个目的站,20000 多辆汽车,60000 多名员工并且在美国及欧洲有 300 多架飞机。DHL 总部在比利时的布鲁塞尔,是由德国邮政、DANZAS、DHL 三部分整合而来。

DHL 创立 40 多年,至今仍以惊人的速度发展。如今,DHL 已成为国际快递与物流行业的领导者。为了适应本地及全球客户需求的变化,DHL 对自身进行了重组。今天,DHL 的国际网络已经连接了世界上 220 多个国家和地区,员工达到 30 万人。此外,DHL 在快递、空运与海运、国际运输、合同物流解决方案及国际邮递等领域提供了无可比拟的专业性服务。DHL 品牌所代表的个性化服务承诺、积极主动的解决方案与本地优势已深入人心。DHL 成功的核心在于其员工始终关注客户需求,并提供定制化的解决方案。

(注:德国人很专业嘛!但其国际快递经常征收行邮税,这点有所不同。)

4. TNT

属于荷兰邮政。TNT 集团是全球领先的快递邮政服务供应商，总部位于荷兰。TNT 集团拥有分布于 200 多个国家和地区的 2331 个快递服务中心、国际转运中心以及分拣中心。它是欧洲最大的快递公司，在欧洲市场占有率 65%，TNT 拥有逾 75000 名快递员工，全球拥有 26000 多辆陆运机车和 47 架运输飞机，2300 个仓库，并在 200 个国家开展业务。

（注：去军事战乱比较多的国家用 TNT 快递有很大优势。）

总结：以上四家公司都是在 20 世纪 80 年代进入中国，由于政策限制，都与中外运公司成立了合资公司，DHL 的合资合同期限是 50 年，其他三家是 15 年。因此 DHL 受到了国家的重点照顾，成为这四家公司中中国市场占有率最高的一家，其他三家已先后独资成立相应的公司，唯独 DHL 的中国名称至今还是中外运敦豪。

（二）中国邮政小包、E 邮宝和 EMS

1. 中国邮政小包

中国邮政航空小包（China Post Air Mail）又称中国邮政小包、邮政航空小包，是指包裹重量在 2kg 以内，外包装长宽高之和小于 90 厘米，且最长边小于 60 厘米，通过邮政空邮服务寄往国外的小邮包。它包含挂号、平邮两种服务。可寄达全球各个邮政网点。挂号服务费率稍高，可提供网上跟踪查询服务。中国邮政航空小包出关不会产生关税或清关费用，但进入目的地国家时有可能产生进口关税，具体根据每个国家海关税法的规定而各有不同（相对其他商业快递来说，航空小包能最大限度地避免关税）。

中国邮政小包的优势：

（1）价格优势：比 DHL、UPS 等资费低，直接按首重 50g 续重 1g 计费，首重最低 5 元即可发到国外。

（2）全球化：中国邮政航空小包可以将产品送达全球几乎任何一个国家或地区的客户手中，只要有邮局的地方都可以到达，大大扩展了外贸卖家的市场空间。

（3）适用范围广：eBay、敦煌等平台都可以使用，一般无特别的邮寄限制，除了国际违禁品和危险品以外。

规格和寄送限制：

重量不超过两千克；非圆筒货物：长＋宽＋高≤90cm，单边长度≤60cm，长度≥14cm，宽度≥9cm；圆筒形货物：直径的两倍＋长度≤104cm，单边长度≤90cm ，直径的两倍＋长度≥17cm，长度≥10cm；清楚的收件人地址和邮编。

2. 国际 E 邮宝

国际 E 邮宝是中国邮政为适应国际电子商务寄递市场的需要，为中国电商卖家量身定制的一款全新的经济型国际邮递产品。国际 E 邮宝和香港国际小包服务一样，是针对轻小件物品的空邮产品。目前，该业务仅限于为中国电商卖家寄件人提供发向美国、加拿大、英国、法国和澳大利亚的包裹寄递服务。

国际 E 邮宝的优势：

（1）经济实惠，支持按总重计费，50 克首重，续重按照每克计算，免收挂号费。

（2）时效快，7～10 天即可妥投，帮助卖家提高物流得分。

（3）专业，为中国 eBay 卖家量身定制。

（4）服务优良，提供包裹跟踪号，系统与 eBay 完美对接，一站式操作。

递送时效：

正常情况下国际 E 邮宝 7～10 个工作日即可完成妥投，在国内段使用

EMS 网络进行发运；出口至美国后，美国邮政将通过其国内一类函件网（First Class）投递邮件。通关采用国际领先的 EMI 电子报关系统，保障包裹迅速准确地运抵目的地。

跟踪查询服务：

在中国邮政和美国邮政（USPS）都可以查询，eBay 买家的"my eBay"也可以查询。考虑到中美邮政交换信息有时延，中国邮政 EMS 网站上显示收寄和离开口岸信息比美国邮政网站早，而美国邮政网站显示到达美国处理中心信息比中国早。

3. EMS 国际快递服务

EMS 国际快递服务是各国（地区）邮政开办的一项特殊邮政业务。提供传递国际紧急信函、文件资料、金融票据、商品货样等各类文件资料和物品服务。同时提供邮件跟踪查询服务。EMS 国际快递服务网络广泛，价格低，可邮寄食品，药品，私人物品等快递。

EMS 的优势：

（1）国际 EMS 快递计费简单，价格为中国邮政 EMS 的公布价乘以折扣，以人民币结算；

（2）当天发货，当天交接深圳邮局，当天上网跟踪，从而节省快件在国内运输的时间；

（3）国际 EMS 快递通关能力强，可发名牌产品、电池、手机等产品；

（4）货物不计体积，适合发体积大重量小的货物；

（5）EMS 国际快递全世界通邮，可到达全球 210 个目的地；

（6）无燃油附加费及偏远附加费；

（7）时效有保障，东南亚、南亚地区 3 天内可以妥投，澳洲 4 天可以妥投，欧美国家 5 天可以妥投。

二、案例背景

顺丰速运于 1993 年 3 月在广东顺德成立，是一家主要经营国际、国内快递业务的港资快递企业。初期的业务为顺德与香港之间的即日速递业务，随着客户需求的增加，顺丰的服务网络延伸至中山、番禺、江门和佛山等地。顺丰速运是目前中国速递行业中速度最快的快递公司之一，也是中国快递行业的翘楚。

2014 年 7 月，长期主营中港快递和国内快递的顺丰公司成立"顺丰国际电商"，力图拓展利润丰厚、发展迅猛的跨境电商物流市场，在如火如荼的跨境电商物流中抢占制高点。

三、案例详述

（一）顺丰进军跨境电商物流行业的原因

1. 国内快递业利润下降倒逼顺丰进入跨境电商物流业

长期以来，顺丰在中港快递、国内快递行业拥有良好的客户资源、完善的配送网点和良好的声誉。截至 2014 年 12 月，顺丰速递在中国大陆已建有1.2 万多个营业网点，覆盖了中国大陆 31 个省、自治区和直辖市，300 多个大中城市及 1900 多个县级市或县区。公司拥有近 34 万名员工，1.6 万多台运输车辆，18 架自有全货机。这些数据在中国快递市场领域都属于巨人级水平。

但近年来，中国快递行业面临着行业洗牌的巨大压力，在诸多制约因素中最重要的就是价格白刃战近乎惨烈，快递利润率大幅下滑。

目前，经营国内快递业务的大中型快递企业多达数百家，由于国内快递行业较低的进入门槛，催生了国内快递行业激烈的市场竞争。据国家邮政局统计数据，2014 年全国快递业务量累计 139.59 亿件，同比增长 51.9%，跃居世界第一；快递收入累计2045.36亿元，同比增长41.9%。多数业内人士认为，快递收入增幅仍明显落后于快递业务量的增长。

中国快递目前总量已经跃居世界第一，但处境非常尴尬：雄踞首位的快递量是建立在原始的"快递哥＋电动车"模式之上，这个单从精神层面讲无疑体现了基层劳动人民之伟大，但却不是一个健康的可持续模式。原始意味着容易模仿，由于很多企业采用了加盟制，很多快递员只需要购买一辆电动车即可上岗，因而缺乏必要的职业精神和服务技巧，而且这种野蛮增长迅速了引发市场的无序竞争，大伙儿唯一能拼的就是价格和体力。

前几年每送一件，快递哥能拿到1元多的报酬，而如今却连5角钱都不到。价格战之所以受到批评，就是其非常容易导致恶性循环，不但让企业苦不堪言，同样容易让消费者的权益受到损害。大家一面要血拼价格，一面还要保证生存，就只能不断考虑压缩成本。于是，暴力分拣、快递丢失或受损的情况时有发生且难以赔偿。更可悲的是，当正常渠道无法获取足够利润之时，一些衍生的灰色职业开始蔓延，总之，你可以用"毒瘤、祸害、饮鸩止渴"等任何不健康地词汇去形容它。

顺丰虽然以良好、稳定、快速的物流渠道在国内快递行业占据了高端市场，主要服务政府、大型企业，但不可避免也受到国内快递市场激烈的竞争环境的影响。为寻求新的业务突破，顺丰开始涉足跨境电商物流业。

2. 跨境电商需求井喷，中国邮政独臂难支

随着跨境电商的兴起，由中国邮政独臂支撑的跨境物流却不能适应跨境电商发展的需求，跨境电商物流之痛越来越成为制约跨境电商发展的瓶颈。目前以中国邮政为主导的跨境电商物流渠道存在的主要问题有：

（1）物流配送时间长

从当前来看，使用邮政小包或香港小包到俄罗斯和巴西等地，普遍的送

达时间在 40～90 天之间；使用专线物流稍微快些，但也需要 16～35 天左右。在 eBay 平台上，通过国际 E 邮宝发往欧美的货物一般是 7～12 天送达。这些长达一两周甚至数月的配送时间，在极大地考验海外用户耐心的同时，也严重制约了跨境电商的进一步发展。

（2）破损甚至丢包

在邮政小包主导的跨境物流模式下，时常出现包裹破损甚至丢包事件。在跨境物流的邮政系统中，从揽件到最终货物送达客户，往往需要经过四五道甚至更多次的转运，很容易出现包裹的破损。而无论是邮政包裹还是专线物流，都存在一定的丢包率。这些不仅带给客户糟糕的购物体验，也使得卖家不得不承担运费、货品以及客户流失等损失。

（3）不支持退换货

在任何正常的商业贸易中，都不可避免地存在退换货问题。然而，无论是邮政包裹、商业快递，抑或是专线物流，都难以支持卖家提供退换货服务，主要有以下三个原因：第一，跨境物流时间长。本身发货配送就需要数周时间，如果再换货重新配送，物流周期可想而知。第二，反向物流成本高。商家发货，因为数量较多往往能够从物流服务商处拿到一定折扣；如果退换货，则需要客户从目的国寄出，单件货品的物流费用自然非常高。第三，对于商家来说，退换货其实是一种进口行为，可能遭遇中国海关查验，甚至需要缴纳一定的关税。

此外，跨境物流还面临着最大障碍即清关。跨境物流跟国内物流最大的不同在于其需要通过两道海关关卡：出口国海关和目的国海关。在出口跨境电商中，物流的关键在于目的国海关，经常遇到海关扣货查验，处理的结果无外乎三种：直接没收、货件退回发件地或要求补充文件资料再放行。"没收"和"退件"带来的损失都是卖家难以承受的，而"补充文件资料再放行"无疑延长了配送时间，可能导致买家投诉甚至拒付。

　　跨境物流中造成清关障碍的原因主要来自两个方面：1）跨境电商卖家不重视进口国监管制度，比如低报货值或者没有取得相关产品认证；2）目的国海关的贸易壁垒，比如巴西海关几乎对每票包裹都要查验，并要求提供商业发票、收件人税号、货物价值声明等资料，有时就算提供全部资料也可能被认为是作假。此外，某些目的国海关没有 IT 系统支持，仅仅依靠人力清关，效率很低，从而也延长了整个物流配送时间。

　　由此可见，当前邮政系统物流延伸服务的种种不足，束缚了跨境电商业务的开展。基于以上分析，顺丰公司理顺了从事跨境电商物流的优势。

（二）顺丰"全球顺"业务优势

1. 价格优惠力度大

　　2014 年 8 月 11 日，顺丰推出专门面向境外电商客户的"全球顺"服务，其产品价格是原价的 60% ~ 80%。例如，香港到大陆的首重费用为 33 元/千克，续重费用为 21 元/千克；美国到中国的首重费用为 37 元/磅，续重费用为 31 元/磅。除此之外，"全球顺"还会根据客户的发货量调整定价，其中最低折扣达到 7 折。

2. 配送时限短而速度快

　　在"全球顺"业务下，未来香港至大陆的时间预计为 7 ~ 9 天，纽约至大陆预计为 7 ~ 12 天，符合经济型快递的属性。顺丰推出"欧洲小包"时，市场上主流的小包服务时效一般是 7 ~ 15 个工作日，而"欧洲小包"配送到欧洲主要国家能做到 5 ~ 10 个工作日即可妥投。

3. 全球仓储网点众多

　　目前，顺丰直发业务已覆盖全球 241 个国家。在网络全球化战略方面，顺丰将通过建立 20 个全球仓网来覆盖四个主要目标市场。北美海外仓将布局在美东、美西和加拿大；欧洲海外仓除英国 4 个外，还会布局在德国、法国、意大利和西班牙；此外，还将在俄罗斯和澳大利亚建仓。

4. 深谙卖家痛点，创新物流产品

当下，越来越多的"大件"和"高价值"产品被搬上网络平台销售，随之而来的是卖家面临如何经济配送的问题：2 千克以上，长宽高相加超过 90 厘米，或是单边长超过 60 厘米的包裹都无法正常使用国际小包进行配送。在使用海外仓有门槛的时候，大量中小卖家不得不选择昂贵的 DHL 等国际快递。洞悉了卖家这一痛点后，顺丰推出欧洲经济专递，5～8 个工作日即可通达欧盟 26 个主要国家，时效快，费用却远低于商业快递，解决了卖家介于费用和时效之间的所有尴尬，堪称跨境物流行业最具创新性的服务产品。

顺丰关注卖家痛点与需求，不断创新物流产品。除了欧洲专递，诸如美国小包，采用快速省时的快递预清关，可带锂电池，被誉为 3C 卖家的福音。顺丰公司多年耕耘国内快递市场，拥有丰富的网络资源和完善的后台 IT 系统。作为传统快递企业，它的经营是成功的，也是许多快递企业的行业榜样。虽然从推出"全球顺"的时间看，它大大落后于已有的许多跨境电商物流企业，但就其强大的平台优势和良好的行业口碑而言，它在跨境电商物流行业的发展潜力不可小觑。

四、案例思考与练习

1. 简述顺丰"全球顺"的优劣势。

2. 请比较并归纳出顺丰"全球顺"、国际四大快递公司、中国邮政快递各自的优缺点。

五、参考资料

1. 和讯新闻 http：//news. hexun. com/2015-07-10/177437022. html？

2. 腾讯科技 http：//tech. qq. com/a/20140811/059611. htm

3. 雨果网 http：//www. cifnews. com/Article/15853

4. 网易财经 http：//money. 163. com/15/0211/08/AI5MEMJR00253B0H. html

5. 百度文库

http：//wenku. baidu. com/link？ url ＝ kGk7QHLI3JLrtGDyFXEtvVnhvcVcaIuiM16hzt9i4-ZynhpPvx4O7l82F-wG2ZqW479BlOPg4HfsTVxynWqauaR4_HDetYO0 fWPtJr-Brsa

6. 天下网商 http：//i. wshang. com/Post/Default/Index/pid/35143. html

7. 百度百科

http：//baike. baidu. com/item/ems% E5% 9B% BD% E9% 99% 85% E5% BF% AB% E9% 80% 92% E6% 9C% 8D% E5% 8A% A1？ fromtitle ＝% E5% 9B% BD% E9% 99% 85ems&type ＝ syn

8. 百度百科 http：//baike. baidu. com/view/4622562. htm

9. 百度百科 http：//baike. baidu. com/view/7009650. htm

案例4　4PX 打造综合物流服务

一、案例小百科

（一）跨境电商一站式服务平台

跨境电商一站式服务平台，其"一站式"含义囊括了金融、通关、物流、退税、外汇等代理服务。跨境贸易的链条很长，涉及的操作环节众多，对于传统中小外贸企业和个人卖家来说难以吃透且工作量极其繁重。综合服务平台的出现可以一站式解决这部分人碰到的外贸难题，所以是真正服务于基层的平台。

随着国家对跨境电商监管政策的日渐明朗，各地海关和政府逐渐收紧监管缺口。一些传统中小型外贸企业和跨境电商平台个人卖家面对新出现的监管政策，逐渐产生了不适应和紧迫感。这部分外贸单位具有一个共同特点，长期使用邮路运输，在税务上不征不退，对于阳光化的跨境链条不够熟悉，面临跨境电商监管时代的到来显得无所适从。而一些大型跨境电商企业在对接政府、海关等部门，处理跨境电商长链条环节上出现的问题具有丰富经验，于是孕育出了一批由大型跨境电商企业建设而成的跨境电商综合服务平台，为这部分中小企业和个人卖家提供代理服务。当前业内知名的这类综合服务平台有：阿里巴巴的一达通、大龙网的海通易达等。

跨境电商综合服务平台是企业层面建设的平台，它以"为中小型外贸企业和个人卖家提供一站式服务"为基础，衍生出了一个新兴的代理服务行业，对降低外贸门槛、处理外贸问题、避免外贸风险等方面提供了便利和解决方案。目前该平台适用于小包裹、小订单等业态。随着跨境电商行业的发展，这个平台也将拓展出更深入更专业的服务，发展潜力极大。

（二）快递查询接口（API）

快递查询接口是指快递查询网对外开放的应用程序接口，开发人员能够通过调用该接口与快递查询网进行交互，并基于该接口开发自己的快递查询应用程序。

API 的目标用户：

（1）B2C、C2C、B2B、团购等电子商务网站；

（2）ERP 系统、进销存系统、物流系统等管理软件；

（3）手机应用开发者；

（4）桌面应用开发者；

（5）其他开发者；

（6）其他。

API 的典型应用：

（1）B2C 网站应用

——Justyle、男人袜、优米商城等订单的快递状态查询。

（2）C2C 网站应用

腾讯拍拍网中，采用友商快递 100 提供的快递查询服务，为用户提供更加快捷准确的订单发货信息。在拍拍网的"我的订单"中，客户可随时查看物流信息，了解当前订单的发货状态。

（3）B2B 网站应用

阿里巴巴采用友商快递 100 提供的快递查询接口（API）开发的物流跟踪服务已上线，用户只要登录阿里巴巴，添加并打开应用中心中的"物流服务"应用，就可以通过"物流跟踪"功能查询货物的物流状况。

（4）团购网站应用——团宝网、麦兜团、360 团等订单的快递状态查询。

（5）ERP、进销存软件应用——智慧记。

（6）手机应用——Android、iPhone 版手机应用。

（7）桌面应用——快递打印工具。

二、案例背景

跨境 B2C 无法提供本地化的服务，这基本上已经是业界共识。商品从销售商的仓库打包送走之后，不管是消费者，还是销售方，都只能是听天由命，在最远达到上万公里的递送途中，出问题的概率与内贸 B2C 相比至少增加了 3~5 倍，而且商品到达消费者手中后，我们无法提供任何售后服务，比如维修、更换。而跨境 B2C 所依赖的最主要的物流方式，是由各国邮政提供的航空小包服务。随着中国跨境 B2C 的发展，航空小包发货量一再突破历史记录，以前一年一度的圣诞爆仓，已经变成随时可能爆仓。基础物流服务的不稳定性，是跨境 B2C 的第一个定时炸弹。例如，2014 年 10 月 22 号，香港九龙湾的街头，就有数以千计的包裹，因为报关、超时等各种原因而被丢弃，这里面的每个包裹都对应着一个海外客户，及其所能影响的周围人群。

三、案例详述

目前，中国跨境电商的物流发展出现了新的趋势，即传统物流企业向综合性物流解决方案提供商及商务平台企业转型越来越明显，催生这一变化的原因是为了顺应跨境电商自身发展的需要。

4PX 集团（www.4px.com）又称"递四方"集团，是专业的跨境电商一站式服务平台，成立于 2004 年。4PX 集团以物流为基础，以信息技术为核心，为全球跨境电商企业和品牌制造提供电商全程服务，实现"全球品牌，跨国直销。"4PX 集团拥有软件、电商、物流三大业务板块，40 多个国内分公司，14 个海外公司，2600 多名员工，年销售收入为 30 亿元。

基于对物流及由此派生的到岸物流服务和解决方案的热切需求，4PX 公司针对自己的核心优势对物流产业链的延伸和拓展进行了有益的尝试，以下为 4PX 的几大特色服务模式：

（一）海外仓

2010 年林先生通过美赞拓（www.mazentop.com）建立外贸网站销售孵化器，由于该产品超过 2kg，因而无法使用小包服务；若选择商业快递，则体积较大、费用高；而若选择中国邮政 EMS，按照 5 折计算，费用为 RMB 242.5，时间是 5~7 工作日。

4PX 公司推荐林先生使用订单宝海外仓库服务：头程使用海运，配送选择澳洲本地邮政服务将产品运送到客户手里。其中头程费用是 RMB 65，澳洲本地派送费为 RMB 94，操作费 RMB 7，全部费用仅为 RMB 166。与之前使用的 EMS 相比，费用节省 RMB 76.5（32%），当地派送时间仅为 2~4 工作日。林先生使用订单宝海外仓库服务后，产品月平均浏览量增加了 71.74%，产品平均售价增加了 18.5% 以上，并且由于可提供本地退换货服务，使得产品成交率提高了 11.39%，有效解决了客户退货难的困扰。客户可以直接将货物退回海外仓库，避免了退回国内可能产生的关税或扣关风险。

波兰 MBB 公司是由中国人高先生创立。高先生曾在德国十年，一直从事对欧洲的传统塑料花贸易，后拓展跨境电商业务并在波兰建立了海外仓，以满足日益增长的订单本土化配送需求。2012 年，MBB 公司开始使用 4PX 软件开发团队推出的全球仓配一体化系统。这个系统能大大提升仓库操作能力，是业界最具规模、构架最高、考虑最周密的系统。比如：行走路线设置，当日同 SKU①批量下架，对接当地派送公司 API，扫描 SKU 瞬间出邮寄面单等。这些功能大幅提升了操作效率。

当 MBB 公司选择了 4PX 全球仓配一体化系统对海外仓实现到位的管理后，由于它采用的是欧洲派送体系，投递时效显著。慢慢地，MBB 公司积累了具备转型做第三方海外仓服务的条件。目前，第三方海外仓服务已成为 MBB 公司的重头业务。MBB 公司的成功对于纷纷布局海外仓的很多大卖家来说是一个很好的启示，海外仓不仅能满足卖家自身的需求，更可以帮助其从原来的一个流通中心、成本管控中心转型为第三方营利机构。

4PX 全球仓配一体化系统能帮助 MBB 公司的海外仓实现转型的重要原因还在于系统本身架构的强大和功能的完善。首先，该系统可无缝对接全球主流电商平台和客户自有商城，有全网订单处理能力。其次，该系统对接国内外主流物流渠道，并可根据客户需求不断接入特色物流渠道。有这两者就可建立起强大的流通网络，最后加上作为枢纽的仓库的管理，4PX 全球仓配一体化系统可对全球仓库进行统一的精细化管理，它是一种多仓、云仓形态，而不仅仅针对某个仓库或某个海外仓。

在海外仓管理到位后，MBB 公司还成功做起了进口电商。公司先将货物

---

① SKU = Stock Keeping Unit（库存量单位），即库存商品进出的计量单位，可以是件、盒、托盘等单位。SKU 是对于大型连锁超市 DC（配送中心）物流管理的一个必要的方法，现在已经被引申为产品统一编号的简称，每种产品均对应有唯一的 SKU 号。

屯在波兰仓库，当客户从天猫下单以后，再从海外走 EMS 邮到国内，进口的量也非常大。

目前，MBB 公司的进口电商、出口电商、第三方海外仓服务都通过 4PX 全球仓配一体化系统进行管理。行业内，像 4PX（递四方）这种能管理全球订单以及全球仓配的软件厂商并不多。4PX 推出的该系统的优势就是全球一体化管理，因此 MBB 公司才能借此顺利发展多种跨国生意而不受限制。和 MBB 公司一样，很多公司选择了 4PX 全球仓配一体化系统来管理自己的生意，国内知名海淘服务商"阳光海淘网"通过这套系统让公司在"黑五①"的交易额实现了大幅的增长。

2014 年 9 月 17 日，波兰 MBB Logistics Sp. Zo. O 公司的仓库获得香港 eBay 颁发的"Excellent Warehouse Adoption Award"（最佳仓库奖）。这是该公司第二次获此殊荣。

（二）联邮通

在知名电子商务交易网站 eBay 开网店的何先生，就是活跃在小额跨境外贸电子商务中的一员。依托 eBay 强大的品牌知名度，何先生的网店的生意一直都不错，业绩水平节节攀升。然而，随着网店顾客的不断增加，销售额不断扩大，何先生的网店的发展遇到了瓶颈：（1）通关仍是跨境电子商务交易的最大壁垒。尽管基于互联网的信息流动畅通无阻，然而货物的自由流动仍然受到国界的限制，这也是目前跨境电子商务发展的最大壁垒——海关通关。进出口货物需要通关，这是一个国家框架下的行为准则，是跨境电子商务不可逾越的关卡。（2）跨境电子商务物流业发展仍显滞后。电子商务较之传统商务模式的优势在于信息流、物流、资金流利用的高效性和便捷性。作为整

---

① 即黑色星期五。传说耶稣死于星期五，死后三天复活。而复活节是 11 月第四个星期四，第二天（星期五）一早商店开业，便拉开了圣诞节来临之前的购物季狂潮的序幕。

个产业链中的上下两环,线上商品交易与线下货物配送两者的发展须相辅相成,相比之下,跨境外贸电子商务的快速发展让很多准备不足的物流运输服务商措手不及。

为了突破物流瓶颈,何先生一直在寻找能为其提供专业快速、便捷的物流服务公司。经过长时间论证,何先生决定选用4PX集团推出的"联邮通"服务。联邮通是4PX集团利用自身的海外优势资源,将同一个国家的货物集中发往海外,4PX在当地的海外代理负责将货物转运,利用当地的邮政和快递网络实现派送的服务。凭借4PX强大的国际物流网络,大大缩短了货件在国内和香港停留的时间,并且价格低廉,服务全面,上网率高,速度稳定,4~10天派达,安全有保障。

自从使用联邮通后,何先生最大的感触是价格实惠、货物时效非常稳定有保障。尤其是邮递到英国的货物,30%以上能在3~4天送达收件人,80%~90%能在10天左右妥投。eBay账号的英国运费分数一直保持在4.9以上,低分率一般不超过0.3%,好评率更是从之前小包的96%上升至99%以上。使用联邮通服务,何先生长达半年一直保持着Top-rated seller资格。

(三)一站式电商服务(ECOSS)

浙江义乌的美瑞饰品有限公司是一家由传统出口企业走上外贸电子商务,并因此获得巨大业绩提升的典型范例。

据老板罗先生介绍,公司过去一直从事传统外贸业务。前些年公司业务发展还不错,销售额与利润每年都有较大提高。但是最近几年,随着电子商务的蓬勃发展,越来越多的消费者选择网购后,传统外贸业绩逐年下滑并导致公司利润也一年不如一年。罗先生与公司团队商讨之后,决定涉足外贸电子商务这一新兴领域,期望在这一领域分得一杯羹。

在公司最初的方案中,主要以两种方式开展电商业务:一是依靠第三方电子商务平台;二是搭建属于自己的独立的外贸网站。经过与公司团队成员反复论证，比较两种方式的优劣并结合公司的实际情况，罗先生决定搭建独立的外贸电子商务网站。然而网站在实际运营过程中，碰到了一系列问题和挑战。诸如，搜索功能不够完善；交易的安全性得不到保障；电子商务的管理还不够规范；税务、标准、配送、电子合同的法律问题等一系列错综复杂的问题。结果，网站投入运营一段时间后，并没有取得预期效果，反倒是运营投入的费用支出一分钱也没少。

对此，罗先生很是着急，一来公司传统外贸业务逐年下滑，二来公司其他竞争对手也都纷纷转向外贸电子商务，有些还取得了不错效果。分析之前外贸电商运营失败的原因，罗先生及其团队认为，主要原因是公司缺乏运营外贸电商网站的相关理论与实际经验。因此，公司当前迫切需要由一个专业的运营团队来负责外贸电商这一块业务，将服务外包似乎是个不错的选择。

罗先生及其团队成员着手打造自己的电商运营团队时，偶然发现了 4PX 的一站式电商服务 ECOSS。ECOSS 是由 4PX（递四方）联手美赞拓、谷歌、PAYPAL、借卖网、美胜商五家公司，联合为电商企业推出的集合货源提供、网站建设、网站推广、外币收付、全球物流仓储的一站式综合性服务（见下图）。

罗先生使用 4PX 集团推出的 ECOSS 一站式电商服务后，网上订单的销售额现已超过了总销售额的 30%，独立网店收入已占在线交易总收入的 50%。该公司平均每笔订单增加了 10% 的利润，客户粘连度提高了 40%，二次销售比提高了 30%。

以上几个案例都是 4PX 集团整合自身物流网络优势，为中小跨境电商企业提供跨境电商物流解决方案的成功案例。从 4PX 集团的经营产品线来看，它已经摆脱了传统物流企业配送货的角色，从配送者转变为供应链和资源整合的设计者，实现了从配送服务向更高层次的物流综合服务的转变。

四、案例思考与练习

1. 请分析 4PX 集团的三种物流服务方案的差异。

2. 通过相关资料，搜集从事物流综合服务的其他平台或企业，并了解其主要优势。

五、参考资料

1. 百度百科

http：//baike. baidu. com/link？ url = Xg8YxxHe1M8QaYCUGRtRhxkCk6yuIV_jTg4kr1g6ishs-rW1iXrxA73wCwkrjGmDLD5qBe9kAYXWYt0inHhOkoK

2. 递四方 http：//express. 4px. com/article/category/id/2/cid/7

3. 新浪财经 http：//gd. sina. com. cn/dg/life/2014-10-30/095911019. html

4. 雨果网 http：//www. cifnews. com/Article/12338

5. 雨果网 http：//www. cifnews. com/Article/10485

6. 百度百科

http：//baike. baidu. com/link？ url = 6DQK5B7Uc8O4pLeFYgWTnSWsy74 JTyLHLXjR-cG7UjWCbzH3rDVfRh-Jlsfnat7C4753seCcTUAWZ0KWK9_btO_

7. 百度百科

http：//baike. baidu. com/link？ url = 7idZ48Y0GRSFMBG1jkkfbrQ81H6hg-FkdNNw1K-A4ChCWIumcr7LRXA1iVhgtNtNwNW8ht-eND0I4eAw36pO2zI_

第三辑　跨境电商支付工具的对比与选择

案例5　PayPal 合作企业成功案例：征战小语种市场，两年营收破千万

一、案例小百科

（一）网络支付：PayPal

1998 年 12 月，PayPal 由 Ken Howery、Max Levchin、Elon Musk、Luke Nosek 及 Peter Thiel 创建，是一个总部位于美国加利福尼亚州圣荷西市的因特网服务商，致力于让个人或企业通过电子邮件，安全、简单、便捷地实现在线付款和收款。目前，在跨国交易中超过 90% 的卖家和超过 85% 的买家认可并在使用 PayPal 电子支付业务。

2000 年起，PayPal 陆续扩充业务，包括在其他国家推出业务并加入美元以外的货币单位，计有英镑、加元、欧元、澳元、日元、新台币及港元等。

2002 年 10 月，PayPal 被全球最大拍卖网站 eBay 以 15 亿美元收购，这一收购价大约是 eBay 市值的 8%（2002 年 7 月数据）。

2014 年，PayPal 总共处理资金 2350 亿美元，产生超过 80 亿美元营收。此外，该公司处理的移动支付额达到 460 亿美元，为全球 203 个市场的超过 1.69 亿活跃客户账户提供服务。

2015 年，PayPal 收购移动支付公司 Paydiant；2015 年 3 月，PayPal 收购 CyActive，拟在以色列建网络安全中心。

2015 年 4 月 10 日，PayPal 从 eBay 分拆出来，协议规定，eBay 在 5 年内不得推出支付服务，而 PayPal 则不能为实体产品开发自主的在线交易平台。2015 年 7 月 20 日，PayPal 正式完成从 eBay 剥离的工作，市值超过了 500 亿美元。现在该公司已经是一家在纳斯达克股票市场上市交易的独立公司，使用股票代码 PYPL。

1. PayPal 的账户体系

申请 PayPal 账户需要以个人邮箱为注册用户名，提供个人信息，并绑定一张信用卡。其中国业务 PayPal（贝宝）可以绑定国内普通银行卡，但是不能做外币收发业务，原因是中国的外汇管制政策。

PayPal 账户分三类：

（1）个人账户：收发款全免费，但不能接收信用卡付款，不能使用网站收款，不能使用购物车收款，不能 Email 签名收款，不能接受捐赠。

（2）高级账户：个人商业使用，可以接收信用卡付款，可以使用网站收款，可以使用购物车收款，可以用 Email 签名收款，可以接收捐赠，可以快速批量同时向多人付款，可以使用 eBay 拍卖物品。付款免费，收款时需缴纳手续费，约为 2% +0.3 美元。

（3）企业账户：以企业、公司、商户的名义注册，需提供企业或商户的名称等信息，其他同高级账户。

PayPal 公司规定一个人只能注册一个个人账户和一个高级账户，同一个 IP 如果注册两个以上账户（含两个）或者在同一个局域网里登陆，都会被 PayPal 公司视为作弊而冻结账户里的资金。

2. PayPal 的支付产品

目前 PayPal 在互联网上对用户提供两种支付产品。根据 PayPal 提供的数据，目前采用快速结账服务的商户销量可提高4%～11%，在移动终端推出的移动互联网支付产品是崭新的增长点。

（1）普通网页支付流程

（2）快速结账支付流程

（3）移动支付

①P2P 转账支付

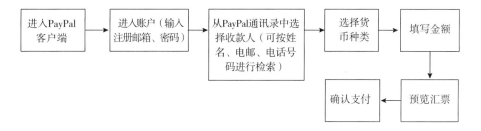

②APP Store 支付（该业务已于 2010 年第二季度在北美等地上线）

③Paypal 移动支付案例分析

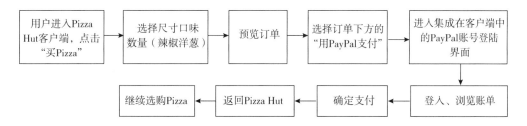

小结：对用户来说，支付快捷简单，只需单次输入用户名和密码进入账户即可完成，不需输入其他信息。对商户来讲，节约了操作管理成本并提升了用户黏性。截至 2010 年 4 月，数据显示，全球共有 20 亿次的 APP 下载总量，10 万 APP 开发从业者。据估算苹果 APP 商店年收入约 1.4 亿美元。目前来说，即使在高端智能手机平台上，远程支付也没有理想的解决方案，客户买几次东西就要输入几次信用卡信息。鉴于市场体量和实际需求，PayPal 提升移动支付体验是正确的发展方向。

3. PayPal 支持的银行产品

包括 Visa，Mastercard，Amax，Discover，JCB 等主流银行卡以及 PayPal 账户余额、银行转账、电子支票、Bill Me Later（仅为美国用户使用）。

其中 Bill Me Later（即 BML），是 PayPal 旗下公司推出的支付方式，诸如沃尔玛、百思卖、美洲航空等大型商户在其网站上均提供该支付方式，该业务的核心——即时授信即时付款，也就是客户无须使用信用卡直接进行在线支付。信用由 CIT 集团提供（CIT 历史悠久，在美国小额信贷服务界具有不可替代的作用，是风向标性的公司），其工作流程如下图所示：

PayPal 可以支持各种类型的电子商务商户，但 BML 只对大中型规模的商户开放。在 PayPal 收购 BML 后，BML 作为一种支付方式和 PayPal 共同提供给客户选择使用，降低了付款门槛，同时简化了支付流程。（注意 PayPal 余额不可用来偿还 BML。）

小结：BML 对用户来说使用快捷方便，提升了支付体验。对商户来说，BML 增强了用户黏性（采用 BML 用户的购买频率高），提升了商户销售额（约 33%），提高了网站购买转化率。

Bill Me Later 的账期、利率、费率介绍如下：

年标准利率：购买一般及促销商品的为 19.99%。

偿还利率：一般及促销商品支付结束后 25 天内免利息（已注明利息递延的商品除外）如果用户每月都能按时偿还，则免利息时间将不断延长，最高可至 6 个月。

滞纳金：小于 25 美元，收取最高 5 美元滞纳金；超过 25 美元，收取最高 35 美元滞纳金。

若请求 BML 退回支票，则需支付最高 35 美元的手续费。

4. PayPal 的安全措施

PayPal 的损失率不到 0.5%，并代表卖家应对退单问题。PayPal 对每笔交易进行 7×24 小时监测，同时建有超过 2000 位专家的反电子金融欺诈团队。用户在整个支付过程中，只需提供 PayPal 电子邮件地址，无须输入其他财务资料，用户的财务信息由 PayPal 进行封闭式处理。PayPal 完全不向买卖双方揭露财务资料，同时具备完整的风险控管来保护买家交易安全。（如下图所示）

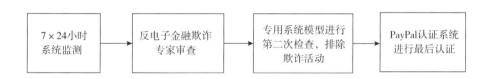

5. PayPal 与支付宝的区别

十年前人们爱把支付宝叫做中国版的 PayPal。时过境迁，如今很多人却把 PayPal 叫做国外的支付宝。那么这二者之间到底有哪些区别呢？

（1）PayPal 是全球性的，通用货币为加元、欧元、英镑、美元、日元、澳元等二十多种货币，而支付宝是中国的，以人民币结算。

（2）PayPal 是保护买方方针，支付宝是偏向卖家方针。也就是说 PayPal 从买家角度考虑问题，买家有任何不满意都可以提出争议，卖家无法拿到钱。

而支付宝超过时效就钱货两清。

（3）PayPal 是一个将会员划分等级的机构，对高级帐户会收取手续费，当然利益保障也更牢靠。支付宝是根据会员成长点划分为普通账户（0～1499）和金账户（1500 及以上）。

（4）PayPal 账户存在纠纷会导致账户永久性关闭，因此卖家是很谨慎的。支付宝不会轻易关闭账户。

（5）PayPal 的资金在美国可以提现至银行，在中国可以电汇至银行，但都是要手续费的。支付宝直接提现银行，免手续费。

（二）国际物流：贝邮宝

贝邮宝是 PayPal 与北京邮政携手推出的一项国际物流解决方案。"贝邮宝"依托首都国际机场作为全国最大航空枢纽的强大运力，以及北京邮政直达全球的邮件递送网络和成熟高效的进出口系统，可为 PayPal 优质商户打通外贸电商出口过程中"商户订单"（发货凭证）以及"邮政信息追踪"（查询追踪）等两大关键环节。针对 PayPal 筛选的优质商户，北京邮政将根据其特点提供定制化的精品海外邮政小包服务。所有海外小包方案均符合 PayPal 卖家保障政策中对于运单追踪的要求，并且所有"贝邮宝"邮政小包承诺"当天收寄、当天封发、当天交航"。"贝邮宝"的推出，为 PayPal 优质商户带来了高效便捷、方便跟踪的国际物流解决方案。

据不完全统计，目前中国跨境电商市场超过 60% 的商品是通过邮政体系运输的。所以说"贝邮宝"是中国邮政为跨境出口电商企业量身定制的精品物流产品，是现有邮政速递 EMS 以及 E 邮宝产品的良好补充，能够很好地满足中小电商企业的实际需求。"贝邮宝"在时效和服务品质方面可以媲美甚至超越了海外一些国家的邮政物流产品，而价格则更加亲民。通常情况下，从中国到欧美国家的邮政运送需要 10 天以上甚至 20 天左右，根据旺季测试数据，使用北京邮政提供的"贝邮宝"定制化服务，相关递送时间可缩短至 10

天左右。此外，针对普通平邮邮件无法追踪和提供符合 PayPal 卖家保护所需的运单，以及挂号邮件虽可追踪但同样不能提供符合 PayPal 卖家保护所需的运单问题，北京邮政与 PayPal 合作开发了符合 PayPal 卖家保障政策要求的运单，并确保所有邮寄的"贝邮宝"邮政小包均可以在"贝邮宝"专用查询系统中查询。

（三）社交网站：Facebook、Twitter

1. Facebook

美国的一个社交网络服务网站，2004 年 2 月 4 日上线，主要创始人为美国人马克·扎克伯格。Facebook 是世界排名第一的照片分享站点，每天用户上传约上亿张照片。截至 2015 年 11 月，Facebook 拥有约 15.5 亿活跃用户。Facebook 自 2009 年以来一直被中国屏蔽，其被禁的原因有社会和政治等方面的因素，但 Facebook 从未间断与中国科技企业界的联系，期望通过投资中国科技企业等方式获得中国政府的开闸。

2. Twitter（非官方中文惯称：推特）

美国一家社交网络（Social Network Service）及微博客服务的网站，是全球互联网上访问量最大的十个网站之一，微博客的典型应用。它可以让用户更新不超过 140 个字符的消息，这些消息也被称作"推文"（Tweet）。该服务由杰克·多西在 2006 年 3 月创办并于当年 7 月启动。Twitter 在全世界都非常流行，截至 2014 年 8 月，Twitter 约有 2.7 亿活跃用户。Twitter 被形容为"互联网的短信服务"。

（四）搜索引擎：Yandex

Yandex（俄语：Яндекс）创建于 1993 年，是俄罗斯重要网络服务门户之一。据一些调查资料称，Yandex 是俄罗斯网络拥有用户最多的网站。2006 年初每天访问 Yandex 的人数（包括外国访问者）即达到 400 万。Yandex 目前所提供的服务包括搜索、最新新闻、地图和百科、电子信箱、电子商务、互联网广告及其他服务。该款搜索引擎因掌握了大量复杂的俄语语法而占有44%的俄罗斯市场份额。据 comScore 数据显示，Yandex 在俄罗斯的市场份额要比谷歌在俄罗斯的市场份额高出 10 个百分点。实际上，Yandex 也是欧洲第二大流行搜索引擎。

二、案例背景

跨境电商的发展离不开在线支付的支持。在跨境电子商务的高速增长的刺激下，网上支付的需求日益强烈，特别是第三方支付的应用大大提升了境外购物时支付的交易效率，实现快速的发展。据艾瑞咨询跨境支付市场报告，第三方支付平台、商业银行与专业汇款公司是中国网民使用频率最高的三种跨境转账与汇款渠道。

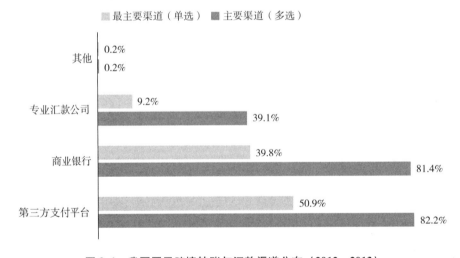

图 3.1　我国网民跨境转账与汇款渠道分布（2012—2013）

资料来源：艾瑞咨询，华泰证券研究所

目前，我国跨境支付市场可以分为三大类：第一类，主要是涉足跨境网购（进口电商）、出口电商市场的境内第三方支付机构，如支付宝；第二类，即凭借强大的银行网络，不仅支持跨境网购（进口电商）、出口电商，还覆盖了境外 ATM 取款和刷卡消费等国际卡业务市场的境内传统金融机构，如银联

（银联在线支付本身也可看作是第三方支付机构）；第三类，以 PayPal 为代表的提供全球在线收付款业务的成熟的境外支付企业。跨境电商也正是通过这三类企业的支付业务完成其支付环节。

表 3.1 跨境支付企业经营模式

企业类型	企业名称	服务/产品	服务类别	服务对象	支付卡/币种	结算币种	覆盖地区
境内第三方支付企业	支付宝	海外购	进口 B2C	支付宝会员	人民币	外币	港澳台、日韩、英美、意大利、澳大利亚等
		外卡支付	出口电商	境外持卡人	MasterCard、VISA 国际信用卡（人民币通道）	人民币	全球主要国家和地区
	快钱	国际收汇	出口电商	需拓展国际业务的外商企业	VISA、MasterCard、American Express、JCB 等主流国际信用卡，PayPal 账户	人民币	全球主要国家和地区
境内传统金融机构	银联	互联网认证支付服务（银联在线支付）	进口 B2C、出口电商	银联卡持卡人	人民币/银联卡	外币	香港、日本、美国等
		境外 ATM 取款和刷卡消费	国际卡业务	银联卡持有人	外币/银联卡（开通境外受理业务）	人民币	亚太、欧美、非洲、澳洲等
境外支付企业	PayPal	外贸一站通	出口电商、国际卡业务	需拓展国际业务的外商企业、PayPal 合作银行卡用户	全球超过 15000 家银行卡、信用卡、PayPal 账户	商家所在地货币	全球主要国家和地区

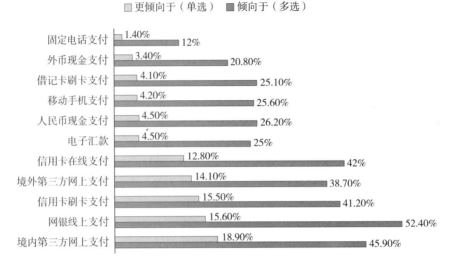

图 3.2　跨境支付偏好分布（2012—2013）

资料来源：艾瑞咨询，华泰证券研究所

三、案例详述

深圳亿谨通科技有限公司成立于 2009 年，是一家致力于电子商务营销的企业。公司拥有出色的外贸销售团队与品牌产品渠道，并拥有自己的数据仓库和长期的物流合作伙伴。商务模式有 B2B、B2C、C2C，经营平台包括阿里巴巴、eBay、亚马逊、速卖通、自有网站（http：//www. Antelife. com）等，经营产品涵盖上千种电子数码，主要有个人电子消费品（如 Android 智能手机、平板电脑）和电子礼品等，其布局是一个立体的电子商务发展模型，并将逐步实现工贸一体化。产品的主要销售市场为欧美地区以及俄罗斯、乌克兰等发达国家。

众所周知，如今的电子产品在线外贸领域早已是一片红海，而位于深圳的这家名为 Antelife（http：//www. Antelife. com）的在线外贸 B2C 网站却能够突出重围，以月营收 100 万美元的骄人数字为其 2013 年的战绩画上了满意的句号。Antelife 作为一家在线销售中国本土品牌智能手机及周边产品的在线外贸商户，旗下热销的手机品牌包括小米、联想、中兴等。说起成功突围的原因，

身为公司创办人之一的杜波侃侃而谈："我们有十分精准的市场定位，80%的产品主打西班牙市场，同时尽力将本土化做到极致。再配备上我们勤勉精干的团队和得力的第三方合作伙伴PayPal，我们这家年轻的公司才能够在大浪淘沙般的在线外贸竞争中站稳脚跟。"

看准商机，将"精准化"和"本土化"做到极致

2007年大学毕业后，杜波在一家做B2B手机业务的欧洲公司工作了2年多。2011年伊始，智能手机热潮开始席卷全球，他和其他三位志同道合的大学同伴看到了智能手机即将引发的商机，于是四人决定把握时机合伙创业。摸索一段时间后，他们发现做B2C在线外贸零售网站门槛不高，利润相比B2B却高得多，于是他们果断地决定：转战在线外贸B2C领域。基于以往经验并深入市场调研，他们选定了西班牙这个对中国手机认可度较高的市场作为重点突破口。Antelife目前只做两个市场——西班牙和俄罗斯，这分别占到公司销售比重的80%和20%。

在市场精准定位后，Antelife 又进一步定位主流消费群体，并根据他们的特点提供精准的服务。Antelife 最主流的客户群体是 15～35 岁、年轻活力、崇尚新鲜电子事物的"极客"们。配合这一群体的特质，Antelife 致力于打造一个垂直的专业的手机网站。在网站推广方面，他们运用 Facebook、Twitter 等极客热衷的社交化、网络化概念做铺展性的营销推广；在产品方面，他们为极客人群提供涵盖高中低端国内本土各大品牌的手机，满足他们对产品多样化及具丰富功能的需求。与此同时，售后服务也跟着进一步精准化。"热衷于在收到手机后'反复折腾'是极客们的特点。当他们折腾时遇到了问题——比如如何顺利完成系统升级、如何流畅下载 APP 应用等，我们的客服和技术团队也都可以在第一时间给予他们适合的解决方案。这些等于是手机售出后的'二次跟进'，也是我们体现差异化服务的地方。"杜波如是说。

在将"精准化"做到位后，Antelife 在"本地化"也可谓不遗余力。在西班牙市场推广方面，他们积极寻求合作厂商在西班牙当地做广告宣传，同时配合 Google Adwards 做搜索引擎优化。在产品配送方面，他们深知越洋物流难以达成理想的时效，迅速在当地建立了海外仓储，聘请当地员工进行仓储管理，同时对接售后服务。现在 Antelife 可以给出的承诺是：买家当天下单，次日就能收货。"我们通过各种努力力图将'本土化'做到极致。现在我们可以有底气地说，在西班牙在线买中国手机，没有哪家比我们快。"大刀阔斧的本土化，帮助 Antelife 第一时间克服了在线外贸在地域和语言方面的阻碍，不但深入打开了西班牙市场，而且在买家群体中树立了良好的口碑。

走得更远、站得更稳，"亲密外援"PayPal 扶助左右

Antelife 最初收款时，使用的是电汇①这一传统方式，时间跨度很长、手

---

① 电汇 TT，英语全称是：Telegraphic Transfer，电汇是汇款人将一定款项交存汇款银行，汇款银行通过电报或电传给目的地的分行或代理行（汇入行），指示汇入行向收款人支付一定金额的一种汇款方式。

续也很麻烦。之后得知 PayPal 是全球用户使用最多的在线支付方式后，就开始尝试 PayPal。"PayPal 流转速度很快，首先在快速和安全收款方面给予了我们最充分的保障，为我们吸引了更多信赖 PayPal 作为唯一支付方式的买家群体。随着与 PayPal 合作的深入，我们发现它能提供给我们的还不仅是这些。"

PayPal 提供的对于小语种市场的信息收集、针对性的推广提案，还有在风险管控方面提供的数据分析等，为 Antelife 在线外贸的诸多重要关卡提供了顺利过关的"通关密码"。"做 3C 行业，产品和技术更替非常快，可以说每天都是挑战，因此我们需要花很多时间和精力关注行业实时的发展动向。而在同样重要的市场及交易反馈、在线支付安全等方面，PayPal 成了我们的'亲密外援'。每个月 PayPal 都会帮助我们总结提炼在收款、买家投诉等方面的总体情况，坐下来和我一起探讨解决可能预见的问题，比如在我们的 B2C 网站上建立专门的售后论坛来进一步完善产品售后机制，就投诉处理方式、部门分工进行流程梳理，就如何甄别和及时控制账户风险等提供建议。这些都让我们受益良多，同时也杜绝了相当一部分风险的产生。"

杜波回忆说，"2013 年 8 月，我及时地向 PayPal 反映了一起来自罗马尼亚买家无正当理由的交易投诉，我们发出货后，买家以未收到货品为由冻结了交易。PayPal 及时介入并转给后台风控部门审核，在短短一周内判定及驳回了买家具有欺诈性质的交易投诉，为我们挽回了近 8000 美元的损失。"

"PayPal 在跨境电子商务方面经验丰富，所以在开拓市场资源方面，我也乐于参考他们的建议。PayPal 去年发布的《全球跨境电子商务报告》以数据指出，像俄罗斯这样的新兴市场非常值得商户们去探索，这确实也让我们更加坚定了进一步扩展俄罗斯市场的决心，"杜波接着补充道，"加上 PayPal 已为商户们开垦市场做好了各个环节的铺垫，比如开通卢布支付功能，提供 Yandex 搜索引擎营销方案，推荐贝邮宝等物流合作伙伴，这些对于我们来说都是很实在的帮助。"

新年伊始，Antelife 团队又开始热火朝天地忙碌起来。"我们的理想是成为有影响力有口碑的电商品牌，用我们的努力和实际行动来扫除中国手机品牌过去在外的负面形象，把中国手机做出自己的品味来。"杜波认真地憧憬着。

四、案例思考与练习

1. 请注册一个 PayPal 账号，并学会用其进行跨境支付和结算。

2. PayPal 与贝宝是否一样？二者有什么区别？

3. 在跨境电商领域还有哪些支付结算方式？

4. 与其他结算方式相比，PayPal 有哪些优势和劣势？

五、参考资料

1. PayPal 中国官网 https：//www. paypal-biz. com/casestudy/

2. 贝邮宝官方网站 http：//www. ppbyb. com/

3. 百度百科

4. 中商情报网 http：//www. askci. com/news/chanye/2015/08/07/172216jw2 h. shtml

案例6 阿里家的国际支付宝 Escrow

一、案例小百科

（一）阿里小微金融服务

2013 年，支付宝的母公司浙江阿里巴巴电子商务有限公司，宣布将以其为主体筹建小微金融服务集团，小微金融将服务人群锁定为小微企业和个人消费者。2014 年 10 月 16 日，阿里小微金融服务集团以蚂蚁金融服务集团的名义正式成立，简称蚂蚁金服，旗下业务包括支付宝、支付宝钱包、余额宝、招财宝、蚂蚁小贷和网商银行等。

蚂蚁金服每天的支付笔数超过8000万笔，其中移动支付笔数超过4500万笔，占比已经超过50%，移动端支付宝钱包的活跃用户数为1.9亿个。此外，围绕线下的消费与支付场景，支付宝钱包还推出了"未来医院""未来商圈""未来出行"等计划，以拓展不同的应用场景。

据媒体报道，阿里小贷资金来源于四大方面：一是旗下浙江、重庆两家小额贷款公司，注册资金总计16亿元；二是面向银行融资；三是资产证券化；四是将面向越来越多的银行开放。此前，阿里巴巴集团董事局主席马云曾阐述过，阿里未来发展的三大阶段是：平台、金融和数据。

（二）网络支付：WebMoney、Qiwi、Boleto、Visa、Master 和西联汇款

1. WebMoney

WebMoney 是由成立于1998年的俄罗斯公司 WebMoney Transfer Techology 开发的一种在线电子商务支付系统，简称 WM。截至2012年9月，其注册用户即接近1900万人，其支付系统可以在包括中国在内的全球70个国家使用。

使用 WebMoney 前需要先开通一个 WM 的 ID，此 ID 可以即时与别人聊天，就像 ICQ、MSN 一样。此 ID 里面可设有多种货币的钱包，如以美元来计的 Z 钱包里的货币就是 WMZ 了，这也是国内外目前比较通用的 WM 账户。它有多种使用方式，应用得比较多的是 Mini 版本，只需要注册和设置账户就可以转账，但 Mini 版本的转账有日/月限额；然后就是 Keeper Classic 版本，需要下载软件安装后使用。

国际上越来越多的公司和网络商店开始接受 WebMoney 支付方式。它已经成为人们进行电子商务强有力的工具。你只需花三分钟，你就可以免费申请一个 WebMoney 账号，账号之间互相转账只需10秒钟，可以把账号里的收入转到全球任何一个人的账户里，而不论你身居何地、地处何方！它以黄金作为等价基础，完全脱离任何国家内部财政的影响！

WebMoney 同时也是一种网上付款的方法。别人只要知道你的 WebMoney 的钱包号，就能把钱通过 WebMoney 转到你的相应账户上。

2. Qiwi

QIWI（KNBN）是俄罗斯领先的支付服务提供商，它运营着俄罗斯最大规模的自助购物终端设备，并提供在线支付和手机支付服务。

Qiwi Wallet（Qiwi 钱包）电子支付系统于 2007 年底在俄罗斯推出。该系统使客户能够快速方便地在线支付水电费、手机话费、上网费以及网上购物和银行贷款。当前，Qiwi 在欧洲、亚洲、非洲和美洲的 22 个国家开展有业务。Qiwi 于 2013 年 5 月 3 日晚成功登陆纳斯达克。

3. Boleto

同多数欧洲国家一样，巴西的在线信用卡支付使用率不高，国内在线支付主要是通过银行转账和 Boleto 支付。Boleto 是由多家巴西银行共同支持的一种使用 Bar Code 识别码的电子钱包支付方式，在巴西占据主导地位，客户可以到任何一家银行、ATM 机或使用网上银行授权银行转账。

Boleto 的使用特点：

（1）一旦付款，不会产生拒付和伪冒，100% 保证商家的交易安全。

（2）无须预付交易保证金。

Boleto 不是网上实时付款，消费者需在网上打单并通过网上银行、线下银行 或其他指定网点进行付款。消费者有一个工作日的时间付款，银行需要 1 ~ 3 个工作日的时间完成支付操作，每笔交易一般需 2 个工作日来确认付款状态，最长不会超过一个星期。

（3）每个消费者月消费不能超过 3000 美元。

（4）单笔消费不能低于 10 美元。

4. Visa

VISA 又译为维萨、维信，是全球最为普及的国际信用卡品牌，由位于美国加利福尼亚州圣弗朗西斯科市的维萨国际组织负责经营和管理。VISA 卡于 1982 年底开始发行，它的前身是美洲银行发行的 Bank Americard。

5. MasterCard

万事达国际组织（MasterCard International）成立于 1966 年，全球总部设在美国东部的纽约。作为全球领先的支付公司，万事达国际组织致力于提供全球消费者一个更便利与更有效率的金融支付环境。透过针对支付行业的支付加盟、处理中心及顾问服务，万事达国际组织为全球金融机构、政府、企业、商户和持卡人提供领导全球性的商务链接。借助旗下的 MasterCard®、Maestro®、Cirrus® 品牌和作为核心产品的信用卡、借记卡和预付卡，以及多功能性平台如 MasterCard PayPass™ 和 MasterCard inControl™，万事达国际组织不断促进全球商务，为超过 210 个国家及地区的消费者、政府和商户提供服务。

6. 西联汇款

西联汇款是国际汇款公司（Western Union）的简称，它是世界上领先的特快汇款公司，迄今已有 150 年的历史。西联汇款拥有全球最大最先进的电子汇兑金融网络，代理网点 25 万多个，遍布全球近 200 个国家和地区。西联公司是美国财富五百强之一的第一数据公司（FDC）的子公司。中国农业银行、中国光大银行、中国邮政储蓄银行、浦发银行等多家银行是西联汇款中国合作伙伴。西联汇款属于传统交易模式，它的特点是：实时汇兑；随处解付；无中间行扣费；无钞转汇费用；不需开立银行账户。使用这种方式支付大概要花费几分钟的时间。

二、案例背景

阿里巴巴的 Escrow Service 又称为国际支付宝，是阿里巴巴专门为国际贸易推出的一种第三方支付担保交易服务。阿里巴巴国际支付宝（Escrow①）由阿里巴巴与支付宝联合开发，旨在保护国际在线交易中买卖双方的交易安全所设的一种第三方支付担保服务，全称为 Escrow Service。该服务现已全面支持航空快递、海运、空运等常见物流方式的订单。航空快递订单和海运订单已经实现了平台化，买卖双方均可在线下单。使用阿里巴巴 Escrow 的交易，能有效避免传统贸易中买家付款后收不到货、卖家发货后收不到钱的风险。目前主要适用于阿里巴巴旗下的外贸 B2C 网站速卖通（Aliexpress. com）和外贸 B2B 网站（Alibaba. com）。

国际支付宝（Escrow）的服务模式与国内支付宝类似：交易过程中先由买家将货款打到第三方担保平台的国际支付宝（Escrow）账户中，然后第三方担保平台通知卖家发货，买家收到商品后确认，货款放给卖家，至此完成一笔网络交易。

国际支付宝（Escrow）的第三方担保服务是由阿里巴巴国际站同国内支付宝（Alipay）联合支持提供的。全球速卖通平台只是在买家端将国内支付宝（Alipay）改名为国际支付宝（Escrow）。使用时，只要您有国内支付宝账号，无须再另外申请国际支付宝（Escrow）账户。当您登录到"My Alibaba"后台（中国供应商会员）或"我的速买通"后台（普通会员），您可以绑定您的国内支付宝账号来收取货款。

三、案例详述

2013 年的 11 月，独立于阿里事业群之外成立的阿里小微金融服务集团

---

① ESCROW，又称第三方托管，即买方将货款付给买卖双方之外的第三方，第三方收到款项后通知已收到买方货款，并同时通知卖方发货，卖方即可将货物发运给买方，买方通知第三方收到满意的卖方货物，第三方便将货款付给卖方。随着电子商务的蓬勃发展，这种方式逐渐被进出口商接受，目前我国的一些网上购物的网站也开始使用这种方式进行付款。

CEO 彭蕾在公开场合向媒体解读了小微金服的战略方向：无线和国际化是未来的重点。有媒体分析认为，小微金服的无线和国际化实际上就是支付宝的无线和国际化。

无线比较好理解，因为基于移动端的产品已经进入视野。然而支付宝的国际化素来低调，以至于很多人并不知道支付宝国际业务所推出的一系列产品和服务。支付宝实际早在 2007 年底就已经开展境外收单业务。

直到 2013 年的下半年，有关"国际支付宝"的消息才零星放出。国际支付宝即将开放买家账户的注册，一个连接跨境贸易两端的介质在长达 5 年的寂寞练兵后，终于可以展现出一个大概的模样。

支付宝国际业务分为出口支付、进口支付和创新业务。在出口支付上，支付宝力求覆盖更多本地化支付方式，进口业务主要是境外收单服务。三项业务中，最能吸引眼球的是创新业务，其中出口退税服务、进入国际航空支付领域等业务即包含在这一业务块中。

服务好速卖通，是国际支付宝要做的第一件事。2012 年 2 月底，速卖通和支付宝两个出口团队正式合并。同年 11 月国际支付宝团队成立，并将支付产品从速卖通上分离，作为一个独立的业务体系。技术团队从杭州的滨江办公大楼搬至支付宝大楼，以此为节点，开始了国际支付宝从幕后走向台前的历程，亦可以解读为支付宝大刀阔斧扩大跨境支付版图的关键节点。

目前，国际支付宝围绕着国际化的收单开展了一系列的跨境交易服务，并在此基础上完成了国际支付的初步体系打造，即信用卡体系的完善和第三方本土支付方式的引入。

对比支付宝体系的国内交易、收银台以及银行渠道的对接，这些在国际支付宝体系中已经完成，而类似国内支付宝账户的全球化账户体系正在紧锣密鼓地打造，并且已经向部分国家和地区开放注册。

未来的重点仍将是渠道的接入。现在国际支付宝已经接入了俄罗斯本土的 WebMoney 和 Qiwi 两大支付工具、巴西的 Boleto 支付工具以及全球化的信用卡支付体系 Visa 和 MasterCard。

这样从结构上，国际支付宝的支付模块可以被清楚地分割为四块：第一块专门用于信用卡支付；第二块专门用于俄罗斯用户支付；第三块是专门用于巴西用户支付；第四块是全球化支付的线下汇款等方式。

撇开境外不同市场的本土政策是否支持国际支付这一复杂且不可控的敏感因素不谈，仅从业务的技术层面来看，国际支付也是一个较为复杂的过程。

"2013 年我们做的是把国际支付宝站基本建成，这意味着，目前我们有两套支付系统，一个是支持国内消费者淘宝、付水电煤的支付宝中国底层系统，而国际站是完全独立的系统，支持多语言多币种，两站将在明后年尝试打通。"那将意味着，境外消费者也可以在支付宝账户内储值，并完成淘宝的一站式购买。

国内国际两套系统

搭建两套系统的原因，是将国内系统改造成适合境外服务的成本过高。而跟大多数人所理解的略有不同，这两套系统原则上并非根据系统所在地决定面向人群，而是由使用人群匹配到相应系统。例如，退税服务是面向在国外旅游的中国消费者，其仍然依靠国内系统提供支持。

拿访问速度来说，国际支付与国内支付截然不同的地方在于，国际支付面临的是分布式的支付。不同国家之间的网络体系能否相互快速访问制约着用户的体验。对于支付宝技术团队而言，他们面临的是在全球化网络体系上建设一个支付体系。"以前我们在中国网络体系上存活得很好，在国际上就会面临从全球角度来看是否可以活得更好，我们的访问速度是否可以保障。"

由于国际支付宝的服务器设置在美国，但在实际操作上从美国访问俄罗斯的速度并不理想。基于未来布局的考量，目前国际支付宝也再考虑在境外市场当地搭建服务器，以期让用户体验和速度跟上发展节奏。

产品设计有别

但对于技术后台来说，考验更多的还来自于产品的设计是否能迎合客户的习惯。

比如客户在速卖通的网站上搜索 Dress，对于俄罗斯客户来说，他希望呈现的是华丽花哨的款式且价格较低，而巴西用户可能希望呈现出性感的款式，当一位印度客户搜索 Dress 时又希望呈现更多的民族风。

这看似是对平台的技术考验，而这个难题同样也会转到支付的层面。"这个问题带来的不仅是页面展示，更多的是产品价格的显示，不仅仅是美元兑换英镑的简单显示而已，而是从体系上的颠覆。"

从平台角度而言，产品的定价一般要求卖家设定为美元，但是到了搜索页面，则会根据用户的 IP、购买习惯来展示当地货币，这背后意味着支付渠道是否强大，"如果后台支付体系不能支付别的币种，那前面页面上的个性化展示也就失去了意义。"

后端跟进，推动跨境电商发展

支付业务不仅要面对国际市场的复杂性，更要面对各个国家不同金融政策的风险。因此，确定市场需求之后，就需要后端的法务合规部门进行综合的风险评估并提供合规方案。

这将意味着，首先由于支付宝是在中国有牌照的公司，所有支付业务都走这条通道，自然要符合国内的监管要求；其次由于支付宝的国际业务涉及海外，还需要要符合当地政府的监管要求。

例如，2013 年 9 月，支付宝等 17 家第三方支付公司获得跨境电子商务外汇支付业务试点资格，意味着支付宝在跨境支付所涉及的外汇资金集中收付及结售汇服务上获得了资质。"原来支付宝没有外币备付金账户，只是把人民币给到银行，由银行进行换汇；对个人客户也打破了年度五万美元的限额，而这一政策的出台，意味着我国外汇管理的很大突破。"

这一政策带来的一系列连锁反应是：拿到这个牌照后，对于商户来说，原本国内的结汇要填写诸多表格，而如今，只需坐等钱直接打到支付宝账户即可；而对于消费者来说，未来海外购物的商家，只要开通了支付宝，消费者就能直接完成支付，而且在线上，原本按照规定每年只能购买不超过五万美元的额度也被打破，可谓一举两得。

国际支付宝（Escrow）的优势

1. 多种支付方式：支持信用卡、银行汇款多种支付方式。目前国际支付宝（Escrow）支持的支付方式有信用卡、T/T 银行汇款。

2. 安全保障：先收款，后发货，全面保障卖家的交易安全。国际支付宝（Escrow）是一种第三方支付担保服务，而不是一种支付工具。它的风控体系可以保护卖家在交易中免受信用卡盗卡的欺骗，而且只有当且仅当国际支付宝（Escrow）收到了您的货款，才会通知您发货，这样可以避免您在交易中使用其他支付方式导致的交易欺诈。

3. 方便快捷：线上支付，直接到账，足不出户即可完成交易。使用国际支付宝（Escrow）收款无须预存任何款项，速卖通会员只需绑定国内支付宝账户和美元银行账户就可以分别进行人民币和美元的收款。

4. 品牌优势：背靠阿里巴巴和支付宝两大品牌，海外潜力巨大。

国际支付宝的支付方式

目前国际支付宝支持多种支付方式，如：信用卡、借记卡、T/T 银行汇款、MoneyBookers 等。如果买家使用信用卡进行支付，资金通过美元通道，则平台会直接将美元支付给您；如果资金是通过人民币通道则平台会将买家支付的美元结算成人民币支付给您；如果买家使用 T/T 银行电汇进行支付，平台会直接将美元支付给您。

1. 信用卡支付

买家可以使用 Visa 及 Mastercard 对订单进行支付，如果买家使用此方式进行支付，平台将会将订单款项按照买家付款当天的汇率结算成人民币支付给您。

2. T/T 银行汇款和西联（Western Union）汇款支付

国际贸易主流支付方式，大额交易更方便。如果买家使用此方式支付，其中会有一定汇款的转账手续费用。此外，银行提现也需要一定的提现费用。

3. MoneyBookers 支付

MoneyBookers（MB）是一家极具有竞争力的网络电子银行，成立于 2002 年，是世界上第一家被（英国）政府官方认可的电子银行。

4. 借记卡支付

国际通行的借记卡外表与信用卡一样，并于右下角印有国际支付卡机构的标志。它通行于所有接受信用卡的销售点。唯一的区别是，使用借记卡时，用户没有信用额度（credit line），只能用账户余额支付。

速卖通国际支付宝的收费标准

国际支付宝（Escrow）只在交易完成后对卖家收取手续费，买家不需支付任何费用。国际支付宝（Escrow）服务对卖家的每笔订单收取 5% 的手续费，目前是全球同类支付服务中最低的费用。特殊情况下可享受 3% 或 4% 的优惠费率。

表 3.2　通用支付工具表（2011 年 9 月）

支付工具	开户费用	产品登录费	成交费	收款手续费	提现手续费	卖家获利金额（以出售 300 美元产品为例）	节省费用
电汇	无	/	/	15～50 美元	无	285～250 美元	/
支付宝（Escrow）	无	/	5%（部分 3%）	/	无	285 美元	最多 41 美元
其他跨国在线支付工具	无	0.1～1.5 美元	1.5%～5.25%	2.9%～3.9%	10 美元左右	276～261 美元	最多 25 美元

平台的手续费在卖家发布产品的时候，由系统自动计算并添加到产品网上展示价格中。即：卖家在发布产品时，"供应商价"为卖家将在订单完成后最终获取的产品价格；"网上售价"为"供应商价"＋"平台手续费"后的价格，其他"供应商价"为"网上售价"的95％。

四、案例思考与练习

1. 请分析国际支付宝（Escrow）与 PayPal 的区别。

2. 请注册一个国际支付宝账号，熟悉其付款和收账流程。

3. 与传统的外贸结算工具相比，网络支付工具有哪些优点和缺点？

4. 请思考如何结合使用各种跨境支付工具更好地开展跨境电商业务。

五、参考资料

1. 百度百科

2. 西联汇款官网 http：//www. westernunion. cn/sc/about_us. php

3. Zen Cart 中文论坛 http：//www. zen-cart. cn/forum/topic216859. html

4.《天下网商·经理人》全球速卖通网站 http：//seller. aliexpress. com

第四辑　移动跨境电商

案例7　Wish——手机上的国际市场

一、案例小百科

（一）智能推荐引擎

智能推荐引擎，是指智能设备主动发现用户当前或潜在需求，并主动推送信息给用户的信息网络。具体来说，推荐引擎综合利用用户的行为、属性，对象的属性、内容、分类，以及用户之间的社交关系等，挖掘用户的喜好和需求，主动向用户推荐其感兴趣或者需要的对象。

智能推荐引擎是搜索引擎的同胞兄弟，它们的底层逻辑基本一致。区别在于，搜索引擎需要用户主动输入关键字，推荐引擎不需要输入关键词，它关注的是用户的历史行为。推荐引擎的筛选做得越精准，用户的阅读时间越有效。当用户觉得推荐引擎的确能够帮其节省时间，入口的效应也就出来了。

（二）网络支付：易联支付、Payoneer、Bill. com、Google Wallet

1. 易联支付（PayEco）

易联支付有限公司（原广州易联商业服务有限公司）成立于2005年，是国内大型非金融支付服务机构。公司通过与国内银行、银联等金融机构合作，构建具创新技术的"易联支付"PayEco金融支付服务平台，从事无卡认证支付业务及预付卡的发行与受理业务，提供7＊24小时全方位的人工咨询与联机技术支持服务。2011 年，中国人民银行向该公司颁发"支付业务许可证"，许可其从事移动电话支付、互联网支付、预付卡发行与受理业务。

2. Payoneer

Payoneer 成立于 2005 年，总部设在美国纽约，是万事达卡组织授权的具有发卡资格的机构，为支付人群分布广而多的联盟提供简单、安全、快捷的转款服务。数千家联盟以及数百万收款人的加入使得 Payoneer 成为支付行业的领先者。Payoneer 的合作伙伴涉及领域众多并已将服务遍布到全球 210 多个国家。

3. Bill. com

Bill. com 是领先的数码业务支付公司，创造了神奇简单的 A/P 和 A/R 解决方案，它独特地把核心业务定位于商业支付、联合银行、会计以及业务增长最快的网络支付。Bill. com 帮助超过 60 万个网络成员每年 190 多亿美元的支付，帮助公司节约了处理金融后台运作安全自动化的时间高达 50%。三家美国排名前十的银行以及 35% 的前 100 名会计师事务所依赖 Bill. com 作为主要支付解决方案。

4. Google Wallet

谷歌钱包（Google Wallet）是指美国谷歌公司推出手机支付系统以及同该系统绑定的"谷歌团购"服务。用户在智能手机中通过"谷歌钱包"存入个人信用卡信息，通过"谷歌团购"优惠活动收到商家的各种折扣券，购物后只需拿手机在收费终端前一晃，就可以完成打折和支付。手机随后会收到购物收据，还会自动存储购物积分。该服务力图通过智能手机打造从团购折扣、移动支付到购物积分的一站式零售服务。

（三）社交商务网站：Wanelo、Pinterest

1. Wanelo

社交电子商务初创网站 Wanelo 成立于 2011 年，该网站估值超过 1 亿美元。

Wanelo 已经拥有 600 万个注册用户（其中每月定期访问该网站的活跃用户比例为 70%），并成为 App Store 中下载次数最多的应用程序之一。目前该网站发布商品中有 500 万件收藏次数达 7 亿次。每天该网站用户收藏的商品平均达 800 万件。

　　Wanelo 允许用户收藏自己喜欢的商品并发现新商品。允许用户对感兴趣的商品标识书签，并可直接点击链接购买商品。Wanelo 的设计理念是让用户找到可供购买的商品。Wanelo 用户可以通过分类（如衣服、鞋、包等）、热门度和朋友推荐等方式搜索特定的商品。此外，还能浏览置顶商店或产品介绍等信息。Wanelo 的盈利模式是从用户的每次购买行为中抽取分成。

图 4.1　Wanelo 首页

　　2. Pinterest

Pinterest 创建于 2010 年。Pinterest 是一个创意组合词，由 pin 和 interest 构成，它的含义是把自己感兴趣的东西钉在白板（PinBoard）上。其中文译名中最好听的是"拼趣"。Pinterest 采用瀑布流的形式展现图片内容，无需用户翻页，新的图片会不断自动加载在页面底端，让用户不断发现新的图片。网民可以将感兴趣的图片保存在 Pinterest，其他网友可以关注也可以转发图片。索尼等许多公司也在 Pinterest 建立了主页，用图片营销旗下的产品和服务。如果说 Google + 是科技男和宅男的乐土，那 Pinterest 就是家庭妇女和欧美主妇的天堂。该软件已进入全球最热门社交网站前十名。

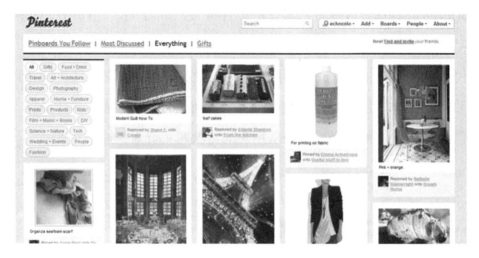

图 4.2　Pinterest 首页

（四）物流仓储：Wish 邮、出口易

1. Wish 邮

2015 年 6 月 26 日，上海邮政与 Wish 联手推出新的物流服务产品——Wish 邮。"Wish 邮"首期选择在上海落地，目标在于打造 Wish 移动平台专属的物流服务品牌，目前已支持 21 个国家。时效方面与上海邮政小包相差无几。

"Wish邮"专属服务

1、为Wish商户提供专属集货仓的服务

2、为Wish优质商户提供专业仓储服务和物流一体化解决方案

3、为Wish商户提供"Wish邮"国际小包的优先处理服务

4、为Wish商户提供"Wish邮"多节点的实时动态查询跟踪服务

5、为Wish商户提供专属操作团队、技术团队、客服团队以及个性化专属服务

6、为Wish商户打造重点路向专线产品（目前已开通美国专线）

7、Wish商户可享受中国邮政集团公司平台对接商户各项优惠措施和资源支持

图 4.3　"Wish 邮"专属服务清单

wish 邮

产品价格（平邮）

序号	国家	无首重，按KG单位计算	操作费（元）	序号	国家	无首重，按KG单位计算	操作费（元）
1	澳大利亚	83.00	无	9	美国	85.00	无
2	巴西	105.00	无	10	挪威	83.00	无
3	丹麦	75.00	无	11	瑞典	83.00	无
4	德国	83.00	无	12	西班牙	85.00	无
5	俄罗斯	102.50	无	13	以色列	83.00	无
6	法国	85.00	无	14	意大利	75.00	无
7	荷兰	83.00	无	15	英国	83.00	无
8	加拿大	85.00	无				

图 4.4　"Wish 邮"产品价格

2. 出口易

"出口易"是中国首家专注于海外仓储及配送服务的物流服务提供商，专注于为跨境电商卖家提供海外仓储、国际专线、国际小包、国际快递、FBA头程等物流服务以及本地化售前售后服务，解决订单管理、金融融资等难题。总部在广州，在英国、美国、德国、澳大利亚、俄罗斯、加拿大六大主流外贸市场设有自营仓库，是 eBay、PayPal、Amazon、Wish、BellaBuy 及速卖通等跨境电商重点推荐的物流服务供应商。

二、案例背景

Wish 是一个有特色有创新意识的移动跨境电商平台。

Wish 的基因主要是技术。Wish 聚焦在移动端，倡导智能推荐引擎，通过大数据分析用户的需求，给用户贴上标签，把人和产品的标签匹配，不同于亚马逊提供的基于产品的推荐引擎，Wish 试图根据用户的整个购物历史向用户展示商品。根据用户需求推进产品是 Wish 的核心。

Wish 的另一个特点是简单。不仅注册方法简单，Wish 的 API 与卖家的 ERP 对接简单，收费也非常简单，只有成交后 15% 的佣金，偏重于让数据和发生了的事情来决定平台的走向。不提供比价功能，Wish 旨在打造公平透明的竞争环境。

Wish 网站定位独特。既能像亚马逊等购物网站一样，为双方提供一个商品交易平台，又能像社交导购网站一样，为用户推荐喜欢的商品，还能像社交图片网站一样，以一种瀑布流的方式为用户展示很多精美的图片。Wish 的两位技术型创始人综合以上三类网站的特点，形成了自己独特的定位，更具有娱乐感，有更强的用户黏性。

Wish 引领移动跨境电商时代。自 2011 年创立以来，Wish 以令世人瞩目的速度快速发展，移动端业务占比超过 99% 以上，让速卖通、亚马逊、eBay 等跨境电商大腕不得小觑。虽然在快速发展中也遇到了诸如支付、假货、消费者维权、物流等问题和瓶颈，但这并不能阻止 Wish 这样一个具有创新精神和技术基因，并以简单、公平、透明为宗旨的公司对当前这个时代的颠覆。

三、案例详述

（一）Wish 小档案

用户群定位：16～30 岁之间，未来 10～20 年移动网络上的主流消费人群

全球团队人数：100 人左右

在线用户：1 亿

在线商家：10 万，50% 以上的卖家来自广州、深圳、江浙一带。

移动端业务比重：99%

主要收入来源：15% 的佣金

主要成本：平台维护费用，Wish 是典型的轻资产公司。

登录方式：除了自身账户登录，同时支持 Google、Facebook 账户登录。

物流方式：Wish 平台的物流设计比较简单。在手机 APP① 中消费者不能选择物流方式，Wish 平台会根据消费者所在的国家，根据货物的情况，自动显示预计的运费、到货时间及发货地点。

表 4.1　Wish 各国妥投期限一览表

Country	Country Code	X Days	Country	Country Code	X Days
United States	US	16 Days			
France	FR	19 Days	Germany	DE	20 Days
Canada	CA	20 Days	Malaysia	MY	21 Days
Spain	ES	21 Days	Croatia	HR	19 Days
Switzerland	CH	21 Days	Puerto Rico	PR	20 Days
Italy	IT	21 Days	Mexico	MX	22 Days
Japan	JP	13 Days	Greece	GR	30 Days
Denmark	DK	16 Days	Netherlands	NL	15 Days
Belgium	BE	22 Days	Turkey	TR	23 Days
Great Britain	GB	13 Days	New Zealand	NZ	20 Days
Sweden	SE	22 Days	South Korea	KR	19 Days
Norway	NO	23 Days	Russia	RU	26 Days
Ireland	IE	23 Days	Israel	IL	23 Days
Brazil	BR	29 Days	Austria	AT	15 Days
Poland	PL	21 Days	Argentina	AR	33 Days
Finland	FI	19 Days	United Arab Emirates	AE	26 Days
Singapore	SG	18 Days	Slovakia	SK	20 Days
Portugal	PT	29 Days	Hungary	HU	19 Days
Australia	AU	15 Days	Chile	CL	20 Days
Czech Republic	CZ	25 Days	India	IN	28 Days

---

① APP 即应用程序 Application 的缩写，如今多指智能手机的第三方应用程序。随着智能手机和 ipad 等移动终端设备的普及，人们逐渐习惯了使用 APP 客户端上网的方式。目前国内各大电商均拥有自己的 APP 客户端，这标志着 APP 客户端的商业应用，已经开始初露锋芒。

Wish 平台上规定了每个国家妥投参考值，超过了这个参考值，卖家要承担 50% 的责任。以美国为例，如果卖家收到买家订单的 16 天以后产生退款，且此时订单还没有确认妥投，那么卖家将 100% 承担退款。各国妥投期限参见上表。

Wish 与"出口易"合作海外仓业务，与上海邮政推出 Wish 邮物流产品。Wish 正尝试在美国、欧洲和中国建设仓库，以缩短配送时间。

客服方式：Wish 客服会帮助卖家解答大部分的客户咨询，不需要卖家额外工作。Wish 平台对卖家处理投诉的及时性进行技术性分析，并对产品进行评级。

2015 年 Wish 推出诚信店铺规则。如果卖家商铺为诚信店铺，新商品上架后，平台的审核速度会很快。Wish 随机挑选 100 款商品，如果这 100 款商品都通过审核，没有仿品，该店铺就是诚信店铺。对于诚信店铺，Wish 平台还会定期抽检，如果在 100 种商品中查出 6 种商品是违规品，卖家需要下架违规商品，仔细审核店铺的其他商品，然后再提交平台审核，期间 5 个工作日后会轮到第二轮的审核，商家一旦有仿品被查出，重新上新品的审核速度就会很慢。

支付方式：采用第三方支付方式。

表 4.2　Wish 第三方支付提供商一览表

序号	第三方支付提供商	类别	处理时间	收取费用
1	Payoneer	中国大陆账号	即时	1%
2		国际账号	即时	1%～2.75%
3	易联支付（PayEco）		1～3 工作日	1.2%
4	Bill. com	ACH	3～5 工作日	$0.49
5		美国纸质支票	5～7 工作日	$1.49
6		国际纸质支票	14～21 工作日	$1.49
7	谷歌钱包（Google Wallet）			免费

（二）Wish 创始人

Wish 的创始人分别是出生在欧洲的 Peter Szulczewski（皮特·苏尔泽斯基）和来自中国广州的 Danny Zhang（张晟）。两人曾经是室友，一起求学于著名的加拿大滑铁卢大学（Waterloo）。

Peter 目前担任 Wish 的首席执行官。在大学毕业前，他就在三家著名的企业（微软、英伟达、ATI）实习过，分别担任软件设计工程师、软件工程师、软件工程师助理。大学毕业后，2004 年 8 月 Peter 顺利进入谷歌，研究机器自主学习算法，一年以后成为技术带头人。2009 年 11 月，Peter 离开谷歌。2011年，创办了 ContextLogic（Wish 母公司）。

表 4.3　Peter 工作简历

序号	类别	企业	岗位	年份
1	工作	谷歌	技术带头人	2004.08 – 2009.11
2	实习	微软	软件设计工程师	2004.01 – 2004.05
3	实习	英伟达	软件工程师	2003.05 – 2003.09
4	实习	ATI	软件工程师助理	2002.05 – 2002.09

Danny（张晟）目前担任 Wish 的首席技术官。大学期间在 Alcan 实习，任软件优化工程师岗位，毕业后去了雅虎，担任技术带头人；此后又去了 Line Wire 和 AT&T，分别担任软件架构师、工程师主管。Danny 在计算机科学领域拥有 9 项专利，他对算法技术颇有研究。

表 4.4　Danny 工作简历

序号	类别	企业	岗位	年份
1	工作	AT&T	工程师主管	2009 – 2011 年
2	工作	Lime Wire	软件架构师	2009 年
3	工作	雅虎	技术带头人	2005 – 2009 年
4	实习	Alcan	软件优化工程师	2005 年之前

Peter 和 Danny 是同学，还曾是室友，这种基于信任的合伙增加了创业成功的可能性。Peter 和 Danny 又都是技术牛人，这使得 Wish 具有天然的技术基因，而 Wish 的爆发性成长，正是基于该平台的智能算法技术。

（三）Wish 的快速发展

1. 融资史

早在 Wish 成立前，Peter 就凭借他的技术背景拿到了 170 万美元的天使投资。2012 年 5 月，Wish 拿到 A 轮 800 万美元的风投；2013 年 11 月，Wish 拿到 B 轮投资 1900 万美元，2014 年 7 月，Wish 完成 C 轮投资 5000 万美元，此时 Wish 的市场估值达到 4 亿美元；2015 年 6 月，Wish 完成 D 轮融资 5000 万美元，市场预计估值高达 30 亿美元。

表 4.5　Wish 融资一览表

序号	轮次	时间	投资额（万美元）	投资人
1	创业	2011 年前	170	
2	A 轮	2012 年 5 月	800	杨致远、Formation 8
3	B 轮	2013 年 11 月	1900	杨致远、Formation 8、GGV Capital
4	C 轮	2014 年 7 月	5000	Formation 8、GGV Capital、Founders Fund、君联资本、心元资本、杨致远、Jared Leto
5	D 轮	2015 年 6 月	5000	DST Global
6	合计		12870	

2. Wish 的发展历程与业务扩张

（1）Wish 的发展历程

2011 年 9 月，Wish 的母公司 ContextLogic 在美国硅谷注册成立。

2011 年 12 月，来自欧洲的 Peter 与来自广州的 Danny（张晟）一起创立了 Wish，两位创始人都是软件工程师出身。

2012 年 6 月，Wish 第一个社交分享 APP 上线。

2013 年 3 月，Wish 加入商品交易系统，正式做起跨境电商业务。

2014 年 11 月，Wish 上线两个 APP，分别是 DK（3C 和智能穿戴设备）、MAMA（母婴类）。

2015 年 5 月，Wish 上线两个 APP，分别是 Cute（化妆品）、Geek（科技电子产品）。

（2）Wish 的业务扩张

2013 年 Wish 销售收入为 1.14 亿美元，2014 年销售收入估计 4 亿美元左右（无官方公布，为预测值）。Wish 创始人之一张晟曾预计到 2018 年，Wish 的营业收入将达到 100 亿美元。按照这个数值，可以估算出 Wish 的年增长速度为 2.5 ~ 3.5 倍左右。

3. 极具特点的 Wish APP 平台

作为一个电商新手，Wish 完全没有 PC 端购物平台的设计经验，这也使 Wish 能够不带任何思想包袱地开拓移动端市场。

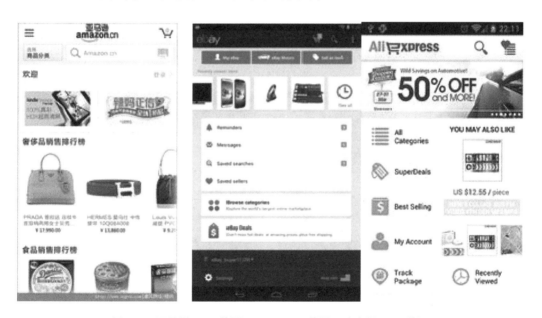

图 4.5　亚马逊 APP 首页、eBay APP 首页、速卖通 APP 首页

亚马逊首页是自家产品和优质产品展示，下面呈现的是系统推荐商品；eBay 首页鼓励你注册或曾路，下面是按照品类浏览产品和促销商品；速卖通首页则是各种促销大行其道。这些 APP 的布局，基本都是演习 PC 端网站的思维：品类浏览、促销、关联推荐、搜索……只不过亚马逊更爱"关联推荐"，

eBay 偏好"中规中矩",速卖通热衷"促销",大布局上这三者都是以"品类浏览""搜索"为主。

Wish 的 APP 首页则淡化了品类浏览、搜索和促销,专注于关联推荐。当一个新用户注册登录的时候,Wish 会推荐一些不令人反感的商品。此后,Wish 会随时跟踪用户的浏览轨迹及使用习惯,以了解用户的偏好,进而再推荐相应的商品给用户。这样,不同用户在 Wish APP 上看到的界面是不一样的,同一用户在不同时间段看到的界面也是不一样的。这就是 Wish 的魅力所在,它能通过智能化推荐技术,与用户保持一种无形的互动,从而大大增加了用户的黏性。

Wish 跟亚马逊等购物网站一样,为买卖双方提供了一个商品交易的平台;Wish 跟 Wanelo 等社交导购网站一样,能够为用户推荐其喜欢的商品;Wish 跟 Pinterest 等社交图片网站一样,以一种瀑布流的方式为用户展示了很多精

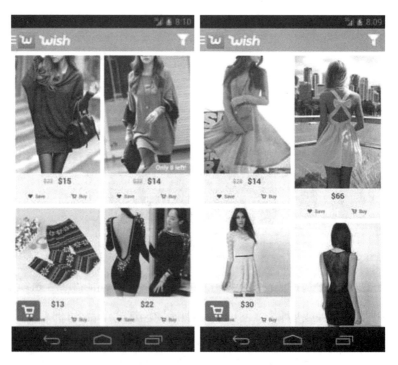

图 4.6　Wish APP 首页

美的图片。此外 Wish 还综合了以上三类网站的特点，发现了自己的独特定位：

（1）不同于亚马逊、eBay、速卖通等跨境电商平台，Wish 有更多的娱乐感，更强的用户黏性。Wish 专注于"算法推荐"购物，呈现给用户的商品大都是用户关注的喜欢的。

（2）不同于 Wanelo 等社交导购网站，Wish 不依附于其他购物网站，本身就能直接实现闭环的商品交易。

（3）不同于 Pinterest 等社交图片网站，Wish 上面也有大量精美的商品图片，只要用户喜欢，便可以随时购买拥有。

4. Wish 的商业模式与服务创新

（1）Wish 采用数据算法推荐，而不是搜索推荐。Wish 的创始人 Peter 和 Danny 认为手机购物的用户希望更多"碎片化"的时间能够得到充分和有效的利用，每次浏览时间都比较短，因而 Wish 的算法推荐对于帮助用户快速定位、快速选择和决策，具备更大优势。

（2）Wish 采取直接购买和结算的方式，售后也是自己的。从消费习惯来看，手机购物是短时间、高频次的，用户更为专注，达成消费可能的机会也更大。之所以没有像很多手机导购或者代购一样只做中间平台，Wish 是为了尽量减少中间环节，增加用户信任度，促进购买行为。当然，这样做还可以更好掌握用户行为并增强与用户之间的联系。

（3）移动购物的短时间、小屏幕、高频率，导致用户对于简介、过程的愉悦，以及推荐的精准度和更新的频率要求越来越高。Wish 页面一般只有 4 ~ 6 个商品推荐，页面非常简洁；通过一些随机推荐，类似于游戏，给用户惊喜也增强代入感和娱乐感；除了页面推荐一般不打扰用户，也不要求用户提供复杂资料。Wish 根据购物习惯和社交数据，随时更新推荐产品和品类。

（4）移动互联网本质上开启了一个可以精确知道用户是谁的时代，同时这个手机用户又是有着付费习惯的，发现和满足用户需求的敏锐和技术支撑成为核心能力。Wish 作为工程师创业的企业，它的技术能力和企业文化为此提供了很好的支撑。

（5）Wish 上很多商品都来自数量庞大的中小企业。与传统电子商务更注重品牌，要获得销售机会可能还需要相当昂贵的流量和展示费用相比，在 Wish 这样的平台上，小企业的道路突然变得无比宽广，他们只需要上传商品，收货发单。作为"最公平的移动社交购物平台"（张晟语），Wish 要做的就是最大限度地降低卖家寻找买家以及与买家沟通的成本。无须担心商品能否被推荐给买家，卖家只要确保商品品质够炫够性感就好了，品牌和市场推广这些过程，都由机器和用户口碑来完成。这些公司中有很多刚加入这个平台就会有收入，它们不必通过广告或者漫无目的去寻找海量用户。它们也可以借此机会创立移动网络自主品牌和口碑，参与全球化的销售，进行跨境商品贸易。

Wish 这种简约、高效、有趣的购物模式，充分体现了互联网自由平等的原则。一旦移动购物成为主流，传统电商看重的流量入口和渠道封杀将越来越难，这也正是传统互联网企业着急加紧布局的原因所在。

（四）Wish 快速发展中出现的问题

1. Wish 与 PayPal 的决裂

2014 年 8 月 29 日，Wish 与 PayPal 终止合作，有卖家称因为 Wish 与 PayPal 终止合作，导致销量下滑了 20%。

此次为 Wish 方的主动调整。据 Wish 称，终止与 PayPal 的合作后还有其他的支付方式（见表 4.2 Wish 第三方支付提供商一览表），未来发展强大了 Wish 还可能会发展自己的支付工具。此前 PayPal 曾称如果合作商违法了协议规则，比如售卖假货、仿货、涉嫌侵权等问题，PayPal 会采取关闭账号的方式作为惩罚。无论是由于 PayPal 的制裁，还是 Wish 的主动调整，Wish 近期的快速增长，显然已经威胁到了 PayPal 母公司 eBay 移动端在跨境电商的领导地位。

据悉 PayPal 在 Wish 的整个平台交易支付中，占 20% 左右的份额。Wish 主推的支付方式是信用卡，并正在与谷歌钱包（Google Wallet）进行合作。但信用卡交易因风险控制问题拒付率较高，而 PayPal 的风控团队是最专业的，可以检测出超过 90% 的诈骗。PayPal 近年来在移动支付方面突飞猛进，其年移动交易额超过 200 亿美元，在欧美国家的覆盖率超过 80%。

而 Wish 对移动支付相对依赖。从该事件上可以看出，未来随着 Wish 的快速发展，一方面存在谷歌钱包（Google Wallet）能否解决移动支付的问题，另一方面 Wish 也有待发展自己的支付工具。

2. 假货 & 卖家维权风波

2014 年 12 月，Wish 对侵权产品采取删除、罚款并扣留相关交易款项的惩罚，遭到了大批卖家的"围攻"。

Wish 秉承着"用户满意"的宗旨，制定了相应的政策：如果用户因收到的产品破损、与所订购产品不符或是尺码不符而要求退款，商户将承担 100% 的退款费用。Wish 对违反平台政策和商规的商户将做出暂停营业的惩罚。在店铺暂停营业期间，无论何种原因造成的退款，商户都将承担全部的退款费用。此外，商户的货款将被扣留 3 个月。3 个月后，扣除暂停营业期间产生的任何罚款和退款，Wish 将支付给商户余下的货款。此政策仅适用于被暂停营业的商户。

不少 Wish 商户反映，他们的部分热销品在一夜之间全部下架并被平台做了扣款处理，而平台给予的处决理由仅为只言片语的"侵权"或是"仿品"，具体的细节并没有一一公布。受到处罚的卖家对 Wish 的处罚表示了质疑，但他们还是按照要求积极向 Wish 提交相应的申诉材料，等待着 Wish 的回复。

之后 Wish 也给出了答复，不少商户陆续收到了"罚款风暴"部分退款。尽管退回的金额较小且并非该产品的总交易额，但在一定程度上让这场风波有趋于平息之势。

（1）Wish 招商机制难以避免假货

Wish 在早期阶段，为了扩大货源、扩大业务规模，招商基本上不设门槛。Wish 不区别对待大品牌和小卖家，也不收取保证金，如此低门槛让 Wish 陷入跨境电商行业难以逾越的"假货雷区"。对于 Wish 来说打假是必经之路，在这个过程中如何平衡买家与卖家的利益是个极大的挑战。假货问题是个老生常谈的问题，并不能成为阻碍 Wish 前进的致命伤。

（2）Wish 重买家体验的商业哲学一定程度上伤害了卖家

在假货问题处理上，Wish 很明显是站在买家端，只要买家投诉，Wish 在与卖家的沟通过程中，更多的是运用基于更简单直接的商业逻辑建立起来的运营规则，依靠系统解决问题。显然 Wish 只有深刻了解卖家的生态环境和真实需求，才能以更好的方式化解矛盾和冲突。

（3）平台审核管理机制不完善

Wish 对产品的审核管理机制尚存在不完善之处，容易激化平台与商家之间原本可以消除的矛盾。例如，Wish 平台的所有产品都要经过审核才能上架，但有些商品却是上架成功并产生销售后，再被判为侵权。Wish 方面曾对外解释称，平台有数千万 SKU（单品），早期很多商品的审核都是抽查的。成功上架后又被判侵权的情况，更多的可能是由于商家恶意更改已经通过审核的产品或者是此前抽查没有检测到的。

（4）快速扩张导致后端服务跟不上前端发展

Wish 在短短两年时间内业务规模迅速膨胀，平台注册用户、商家数倍增加。而其团队规模的扩大和团队能力的提升不一定能撑上这个速度，这也是造成平台与卖家之间矛盾的原因之一。Wish 并非没有意识到问题的存在，只是规模不断扩大、平台商家数越来越多的同时，问题和所涉及的人也越来越多，精力似乎顾不过来。或许是跑得太快了，很多机制还没成型，很多东西跟不上。

3. Wish 跨境电商物流及海外仓布局相对薄弱

2008 年以来，"出口易"建立了真正意义上的海外仓。2014 年，中国从事海外仓业务的跨境电商物流企业只有 10 家左右。随着国家对跨境电商利好政策的密集出台，海外仓在 2015 年呈爆发式发展。

2015 年海外仓的供给主体发生了巨大的变化，既有以出口易、递四方为代表的由传统货代企业或国际物流企业转型来的，也有大的跨境电商平台如速卖通、苏宁等。

表 4.6　提供海外仓服务的物流公司一览表

序号	公司	海外仓布局
1	出口易	8 个海外仓
2	递四方（4PX）	2015 年建成 20 个海外仓
3	威时沛运	拥有超过五万平的海外仓储资源
4	万邑通	澳洲、美国、英国、德国 4 个海外仓
5	飞鸟国际	英国、德国 2 个海外仓
6	贝海国际速递	10 个海外仓（伦敦、巴黎、法兰克福、墨尔本、悉尼、纽约、旧金山、洛杉矶、芝加哥、东京等），2015 年新增 6 个海外仓
7	诺捷快运	美国俄勒冈、加利福尼亚州 2 个海外仓
8	启德物流	在美国各主要港口拥有自营的海外仓库
9	顺丰速运	20 个海外仓
10	俄速通	俄罗斯海外仓

备注：根据网络资料整理

物流一直是跨境电商的瓶颈和痛点，从表 4.7 我们可以看出除了 eBay 和 Wish 之外，各大跨境电商平台都涉足了海外仓的建立。Wish 在跨境电商物流战略方面究竟是选择自建海外仓，还是选择与各大海外仓合作，这是

Wish 面临的难题之一。只有解决了这一难题，提升消费者购物体验，才能持续成功。

表 4.7　跨境电商平台海外仓一览表

序号	跨境电商平台	海外仓布局
1	速卖通（阿里巴巴）	2015 年上线海外仓服务，拥有美国、英国、西班牙、法国、德国、意大利、俄罗斯、澳大利亚、印尼 9 个海外仓
2	亚马逊	FBA 系统在全球 8 个国家建立了 90 个仓储运营中心
3	兰亭集势	欧洲、北美 2 个海外仓
4	大龙网	乌克兰、俄罗斯、巴西 3 个海外仓
5	京东	韩国海外仓，俄罗斯和东南亚地区海外仓（在建）
6	苏宁	美国洛杉矶、日本、韩国、香港 4 个海外仓
7	唯品会	韩国海外仓
8	敦煌网	俄罗斯、西班牙、法国、德国、意大利、葡萄牙 6 个海外仓
9	蜜芽宝贝	德国、荷兰、澳洲建有 3 个海外仓
10	西集网	美国仓、日本仓 2 个海外仓
11	eBay	与万邑通合作，推出海外仓服务，目前已经开通英国、美国、澳大利亚、德国四大海外仓
12	Wish	2014 年携手出口易推出海外仓服务，目前仅限于美国

备注：根据网络资料整理。

（五）Wish 未来发展建议

1. 平台规则的完善

对于 Wish 来说，需要尽快学习其他平台的成熟规则，基于自身平台的特点，将平台政策补充完善，使卖家、买家和 Wish 三方能够处于公平高效的沟通状态。例如，大部分情况下，Wish 通过自己的客服处理售后问题，并对买家采取"宽松容忍"原则，只要消费者提出退款，基本都通过。曾有卖家反映，某个国外消费者购买了某商品，向 Wish 要求退款，原因是"不知道如何操作使用所购买的商品"。Wish客服人员希望消费者能够退货至指定点，该消费者却声称没钱支付邮费，Wish最后进行了退款处理。这样，消费者白白得到了商品，商家财货两空，显然这种处理方式是非常不公平的。在阿里巴巴速卖通上，一般是商家和买家先进行沟通解决，如果无法解决，再由平台介入进行仲裁。显然，后一种种处理方式更为公平也更为高效。

2. 跨境物流的布局

Wish要想超越亚马逊、eBay、速卖通等平台，还需要在跨境物流方面深入布局。Wish在海外仓方面的布局仍落后于其他平台。作为一个很注重消费者体验的平台，Wish通过海外仓的布局，可快速提升消费者跨境购物体验。

四、案例思考与练习

1. 对于Wish在快速增长的过程中出现的支付、假货、卖家维权、物流等方面的问题，你是如何认识的？有没有更好的解决途径？

2. 请比较Wish与阿里巴巴的移动端业务发展速度，并分析一下未来Wish与阿里巴巴的发展趋势。

五、附录

阿里巴巴上市后首份财报：移动端收入大涨10倍

2014年11月4日，阿里巴巴宣布其移动端收入增长10倍，这成为阿里巴巴上市后首份财报中最亮眼的一个数据。2014年第三季度，阿里巴巴移动端的活跃用户达到2.17亿，比上季度末的1.88亿新增了2900万。移动端营收达到37.19亿元，同比增长高达1020.2%，势头十分迅猛。2014年第三季度，其来自移动端的GMV（总交易额）达到1990.54亿元，同比增长263%。移动端GMV占整体交易额的比重达到 35.8%，较 2013 年同期提升了 21 个百分点。

目前，移动端的增长成为提升科技类公司股价的一个重要因素，因此各科技公司对该数据很重视。

在移动电商领域，阿里巴巴在国内市场的领先地位非常明显。据艾瑞咨询的统计数据，阿里巴巴占据中国移动电子商务市场 86% 的 GMV 份额。以月度活跃用户计算，阿里巴巴旗下的手机淘宝客户端，一直都是中国最大的移动电商平台。

阿里巴巴董事局执行副主席蔡崇信表示，在整个中国零售平台上，阿里巴巴取得了 GMV 和生态系统内活跃买家数的双双增长。由于这一强劲的表现，阿里巴巴的收入显著增加，同时继续在移动电子商务领域保持着无可匹敌的领导地位和竞争优势。

表 4.8　阿里巴巴移动端业务一览表

序号	类别	2013 年	2014 年	2015 年第三季度
1	移动端用户数量	1.36 亿	2.65 亿	3.86 亿
2	移动端收入	230 亿（美元）	3269 亿（人民币）	4 300 亿（人民币）
3	占集团收入的比重	15%	42%	61%

六、参考资料

［1］李鹏博. 揭秘跨境电商［M］. 电子工业出版社，2015.6

［2］肖旭. 跨境电商实务［M］. 电子工业出版社，2015.9

［3］熊艳萍. Wish 引领移动跨境时代［J］. 2015.9.11. http://www.ebrun.com/20150912/148590.shtml

［4］剖析：跨境电商黑马 Wish 的前世今生［J］. 2015.5.22. http://www.ebrun.com/20150522/134855.shtml

［5］成长的烦恼：跨境新锐 Wish 为何总被黑？［J］. 2015.9.1

［6］2014 年跨境电商平台重大事件盘点：Wish ［J］. 2015. 2. 16. http：//www. cifnews. com/Article/13252

［7］2015 年跨境电商平台大事件盘点：Wish（上）［J］. 2015. 10. 5. http：//www. cifnews. com/Article/13252

［8］好搜百科 . http：//baike. haosou. com/doc/6793589-7010292. html

［9］易联支付 . http：//www. gdyilian. com/company. html

［10］Bill. com. http：//www. bill. com/about-us/

［11］什么撑起了下一代互联网？推荐引擎 . 2014. 7. 31 http：//www. huxiu. com/article/39083/1. html

第五辑　跨境电商海外推广

案例8　搜索引擎优化——兰亭集势

一、案例小百科

（一）搜索引擎营销

搜索引擎营销（Search Engine Marketing，即 SEM），顾名思义，就是通过搜索引擎来进行网络营销和推广。搜索引擎的基本思想是让用户发现信息，并通过点击进入网站或网页，进一步了解所需要的信息。一般认为，搜索引擎优化设计主要目标有两个：被搜索引擎收录，在搜索结果中排名靠前。这已经是常识问题，简单来说 SEM 所做的就是以最小的投入在搜索引擎中获得最大的访问量并产生商业价值。多数网络营销人员和专业服务商对搜索引擎的目标设定也基本处于这个水平。但从实际情况来看，仅仅做到被搜索引擎收录并且在搜索结果中排名靠前还很不够，因为取得这些效果不代表一定能增加用户的点击率，更不能保证将访问者转化为顾客或者潜在顾客，因此只能说它们是搜索引擎营销策略中两个最基本的目标。

在跨境电商领域，最重要的搜索引擎是 Google。以 Google 为例，可以将搜索引擎营销分为三块：搜索引擎优化（SEO），关键词竞价排名，网站联盟广告。

（二）搜索引擎优化

搜索引擎优化（Search Engine Optimization，即 SEO），是指通过一些技巧

或技术性手段，使网站更容易被搜索引擎抓取，从而提升网站在搜索页面的自然排名。简单来说，SEO 包括两个方面：一是网站内部优化，二是网站外部优化。网站内部优化青睐于结构清晰，运行稳定，速度快的高质量网站。对关键词的布置也非常具有技巧性，既要在网页标题、标签、正文等多次出现相关的关键词，又要根据网站结构和页面的重要性，合理匹配关键词和分配关键词的个数。网站外部优化的主要工作是建立高品质的外部链接，主要途径有三种：购买链接、交换链接和自建链接。

SEO 的作弊主要有内容作弊和链接作弊。

1. 内容作弊

（1）门户网页

很多网页被单独设计来得到高的搜索排名，但另一方面它们对站点的访客没什么价值，这就是门户网页。搜索登录页面不是门户网页。

一个门户网页通常是被过度优化的（经常使用其他作弊手法），并且是对网站的其他访客保持隐藏状态来吸引搜索者。通常门户网页从一套内容组合和大量的链接中得到高的排名，它在网站上除了搜索排名没有其他的存在目的，并且不被网站其他的网页链接——只有从门户网页到网站上的链接。因此，这是一扇只有打开才能进的门。

（2）关键词堆叠

就是大家熟知的关键词加载，这种技术真正就是一种对合理内容优化实践的滥用。在搜索登录页面上使用关键词是好的。然而当你只是为了吸引搜索引擎增加关键词，你的网页就会被标记了。在轮番出现的图形或者文字中堆积与前后文无关的关键词，或者在 < noscript > 或者 < noframes > 标签里，是这种不道德技术的变体。

（3）隐藏文本

HTML 提供了很多机会来自蜘蛛程序面前放置文本而让访客看不到。用难以置信的小尺寸展示文本，或者使用和背景颜色一样的字体颜色，或者使用样式表中网页上写关键字再被图片或其他页面成分覆盖。简言之，任何时候你从浏览器上看网页时发现不了，而通过 HTML 源代码就可以看见，这就可能是作弊——只有合法的 HTML 注释是例外，它会被浏览器和蜘蛛程序同时忽略。

（4）隐藏真实内容

隐藏真实内容也就是向用户和搜索引擎提供不同内容或网址的做法。如果基于用户代理提供不同的结果，可能使您的网站被认为具有欺骗性并从搜索引擎索引中删除。

隐藏真实内容的示例包括：向搜索引擎提供 HTML 文字网页，而向用户提供图片网页或 Flash 网页；向搜索引擎和用户提供不同的内容。

如果您的网站包含搜索引擎无法抓取的元素（如 Flash、Javascript 或图片），请勿向搜索引擎提供隐藏的内容。更确切地说，您应考虑到，网站的访问者可能也无法查看这些元素。例如：

● 对于浏览器中已关闭屏幕读取器或图片的访问者，请提供说明图片的替代文字。

● 在非脚本标记中提供 Javascript 中的文字内容。

请确保在两种元素中提供的内容相同（例如，在 Javascript 和非脚本标记中提供相同的文字）。如果替代元素中包含的内容明显不同，将导致 Google 对网站采取特别措施。

（5）重复的标签

使用重复的标题标签或者其他的 mata 标签。同样的样式表方法可以隐藏文本也可以在此之上覆盖文本，这样做屏幕上只显示一次而在 HTML 文件上列出很多次。

（6）重复的站点

用稍许不同的内容将站点复制在不同的域名之下，并且让这些站点彼此链接。可能你的站点可以在前 10 位的排名结果中占六个席位呢。

（7）恶意刷新点击率

有的网站为了增加被搜到的机会，用动态 IP 程序恶意刷新页面，以增加访问量。

2. 链接作弊

（1）博客（blog）作弊

博客（Web Log 的简写，意思是网络日记）是一种在线个人刊物——在互联网上定期发表的一种专栏。有些博客内容几乎就是某人的私人日记，但大多数更像是杂志专栏，紧密地围绕在一个兴趣主题上。很多博客非常受欢迎并且文笔优美，而且搜索引擎将其重要性与制作精良的网页同样看待，因此从这些博客来的链接对于搜索引擎营销人员来说非常重要。读者可以订阅博客以读到最新发表的内容，并且通常会发表自己的评论——这就是出现问题的地方。博客作弊者通常是发表不相关的信息，含有通往一些 URL 的链接，以便达到推动搜索排名的目的，因此很多博客作者都不让读者发表评论了。

（2）留言板作弊

这种作弊方法同博客作弊有些相似。留言板允许访客发布其联络信息以及对网站的意见。不幸的是，作弊者开始在留言板里发布其网站的 URL 来引起搜索引擎的注意。博客作弊者和留言板作弊者实际上都是使用程序来自动发布他们的 URL，使其凭空增加几千个链接而不需要手工劳动。

（3）链接工厂

狡猾的搜索营销人员建立几十个或上百个站点来被搜索引擎索引，这样他们就可以为想要推动排名的那个站点加入几千个链接。

链接工厂是一个全无有价值信息的网页，这个网页除了人为罗列的一个个指向其他网站的链接外，没有其他内容或者仅有极少的内容。

（4）隐藏的链接

隐藏链接使得你的链接可以被蜘蛛程序看到而人看不到，因此可以在高排名的网页上堆积很多链接，指向你想要推动排名的其他页面。

（5）伪造的双向链接

很多的站点会链接到你的站点，前提是链接他们的站点作为回报，但是有些人会试图使用搜索引擎看不到的链接来欺骗你。通过那种方式，你以为得到了链接，但是搜索引擎并不给你相应的认可，从而使你的"合作伙伴"从你的站点得到了更有价值的单向链接。

（三）关键词竞价排名

通过购买关键词，使企业广告能够呈现在用户搜索结果页面的上端、下端及右侧。例如 Google AdWords。付费广告并不是谁出价格高，谁排名就靠前，实际上，关键词竞价排名比这复杂多了，涉及很多策略。

任何营销都需要对目标市场进行分析，网络营销也不例外。对于跨境电商来说，目标市场分析应该至少包括消费人群分析、竞争对手分析、产品属性分析。其中，竞争对手分析尤其重要。当前，通过一些付费软件可以获取竞争对手的产品信息和网站信息，从而进行有针对性的定位营销。在对目标市场分析之后，基本可以初步列出一份关键词清单了。为了使清单更为全面，还需要进一步挖掘关键词。例如在谷歌中，输入关键词时，底部会出现"相关搜索"，这些词都可以用来完善关键词清单。通过模拟消费者的使用场景，有助于发现更多的关键词。此外，还可通过搜索引擎的关键词工具来挖掘关键词。

（四）网站联盟广告

Google 通过自动搜索匹配技术，使得企业广告可以遍布门户网站、个人网站、博客、论坛等互联网各个角落。例如 Google Adsense，覆盖了全球绝大部分的互联网网站。Google AdWords 是把广告投放在谷歌的搜索结果中，

Google Adsense 则将广告投放在谷歌联盟的网站页面上。另外 Google AdWords 广告，只在用户点击后才收费；而 Google Adsense 广告中，既有按点击收费模式，也有按广告展示次数收费模式。不管是 Adwords 还是 Adsense，广告主都可以根据自身需求设定语言、地理区域、投放时间、资金预算等。

二、案例背景

对于做跨境电子商务的商家来说，搜索引擎营销，也就是我们说的 SEM，是营销中的重中之重。现在搜索引擎营销已经被越来越多的外贸从业者了解、熟悉和重视，他们都在积极地自建团队或者选择第三方营销服务公司开展围绕 Google，Yahoo，Bing 等搜索引擎的 SEO 优化排名。但是行业不同，产品不同，SEO 效果以及竞争的激烈程度大相径庭。

兰亭集势（LightInTheBox）成立于 2007 年，是国内第一家在海外上市的跨境零售公司。公司成立之初即获得美国硅谷和中国著名风险投资公司的注资，成立高新技术企业，总部设在北京。即在北京、上海、深圳共有 1000 多名员工。

兰亭集势的产品以国内的婚纱、家装、3C 产品①为主，包括服装、电子产品、玩具、饰品、家居用品、体育用品等 14 大类共 6 万多种商品。公司年销售额超过 2 亿元人民币。经过几年的发展，公司采购遍及中国各地，在广东、上海、浙江、江苏、福建、山东和北京等省市均有大量供货商，并积累了良好的声誉。许多品牌，包括纽曼、爱国者、方正科技、亚都、神舟电脑等也加入到兰亭集势销售平台，成为公司的合作伙伴或者供货商。

兰亭集势的管理团队主要有四人，其中负责战略和融资的是原谷歌中国

---

① 所谓"3C 产品"，就是计算机产品（Computer）、通讯产品（Communication）和消费类电子产品（Consumer Electronics）这三类产品的简称，亦称"信息家电"。

首席战略官郭去疾，负责营销的是原博客中国网副总裁文心，前卓越网副总裁刘俊负责运营，曾作为当当网和卓越网供应商的张良负责采购。

作为这艘豪华战舰的掌舵人，郭去疾拥有非常耀眼的人生履历。郭去疾于 2005 年加入 Google 总部并回到中国。作为 Google 中国的创始人之一，郭去疾在 Google 中国的创建中发挥了重要作用，直接参与了 Google 中国前三年几乎所有重要的产品、合作、投资以及公关战略决策，包括发起及主导谷歌音乐搜索、谷歌金山词霸、谷歌输入法、谷歌本地搜索、谷歌热榜、谷歌导航、谷歌新浪战略合作，投资并购巨鲸音乐网、赶集网、Discuz 等。

兰亭集势的发展主要经历了以下几个阶段：

2010 年 6 月 7 日，兰亭集势控股公司完成对 3C 电子商务网站欧酷网的并购。

2013 年 6 月 7 日，外贸 B2C 公司兰亭集势（NYSE：LITB）周四在美国纽交所挂牌上市。

2014 年 1 月 6 日，兰亭集势完成对美国社交电商网站 Ador 公司的收购，Ador 公司总部位于西雅图。这项资产收购通过现金完成。

2015 年 6 月 10 日，兰亭集势引入中国上交所上市公司浙江奥康鞋业股份有限公司的战略投资，双方表示将合作开展"互联网 +"战略。

兰亭集势是跨境电商海洋中的一艘豪华战舰。兰亭集势在全球所有网站中排名 1624（2013 年 11 月数据）。网站用户来自 200 多个国家，日均国外客户访问量超过 100 万，访问页面超过 200 万个。网站已经拥有来自世界各地的注册客户数千万人，累计发货目的地国家多达 200 个，遍布北美洲、亚洲、西欧、中东、南美洲和非洲。兰亭集势是通过什么手段给网站带来流量，并将商品推介给海外消费者的呢？

三、案例详述

我们就来了解下在 2013 年兰亭集势网站的流量情况。

1. 流量的基本表现

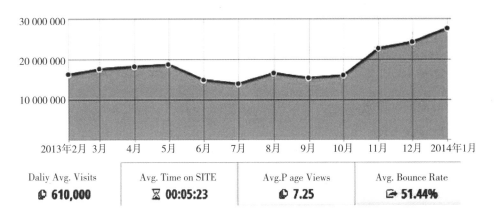

网站日流量 61 万人次

客户的平均停留时间 5：23 分钟

在网站的平均浏览页数 7.25 页

网站平均跳出率 51.44%

网站整体的跳出率①偏高，说明兰亭集势在流量的精准性和网站的用户体验方面还有比较大的改进空间。

2. 流量构成分析

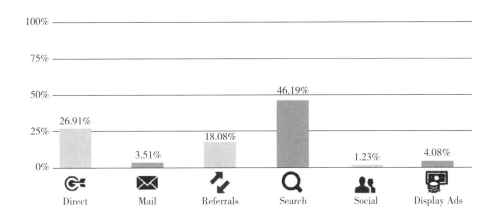

---

① 跳出率，即 Bounce Rate，一般指单页访问次数或访问者（Visitor）从进入目标页到离开网站的访问次数百分比。高跳出率表示访问者对目标页不感兴趣，没有继续深入访问。

从图中，我们可以看出客户分别是从哪些渠道来访问网站的：

直接访问 26.91%

邮件营销 3.51%

引荐途径 18.08%

搜索引擎 46.19%

社交网络 1.23%

展示广告 4.08%

搜索引擎是兰亭集势的主要流量来源，占据了 46% 的流量来源。直接访问占据了 27% 的流量来源，这个比重还是比较高的，说明兰亭集势对于网站的品牌营销、老客户维护方面还是花了精力的。同时我们搜索兰亭集势域名，在 Google 的搜索结果，也可以看到他们是重视域名搜索结果的优化的。

可以说，兰亭集势近几年的爆发式增长，主要得益于整个团队擅长互联网营销。特别是搜索引擎为网站流量的增长起了关键性的作用。

以美国的电商网站整体情况为例，来自搜索引擎的流量高达 40%，其中又有大约一半来自 SEO（搜索引擎优化），即自然搜索①，另一半则是付费营销带来的流量。同样，搜索引擎是兰亭集势的第一大流量入口。据 Hitwise 数据统计，2013 年 3 月兰亭集势（www.linghtinthebox.com）北美地区的访问流量中，有超过 45% 来自谷歌，其次是社交网站 Facebook，为其带去了约 3% 的流量，其他网站（包括 eBay、Yahoo!Search、Bing、Ask、Yahoo!Mail、亚马逊等）为其带去 2% 左右的流量。

针对搜索引擎的投放，兰亭集势按照 CPC② 付费，即按照每点击成本付

---

① 自然搜索（Natural Search），顾名思义就是在搜索引擎里找到与搜索请求最相关的匹配页面的方法。自然搜索结果仅仅跟搜索请求的相关程度有关，跟点击付费没有任何影响。自然搜索也称为有机搜索，与它相对应的是赞助搜索（Sponsored Search）。

② CPC，即 Cost-Per-Click（根据点击数付费）。

费。当用户使用特定的关键字搜索时，在搜索结果中点击了兰亭集势的广告，或者当用户浏览网页时点击了搜索引擎匹配的上下文广告，兰亭集势将按照每次点击，支付给搜索引擎或联盟网站固定的费用。据招股书披露，目前兰亭集势在谷歌等搜索引擎上以 17 种语言至少投放了数百万的关键字。

付费模式的另一个表现是联盟分销，这是一种按销售付费方式。兰亭集势建立了联盟营销方案，并向合作伙伴提供吸引用户访问的内容和工具，当用户通过兰亭的联盟网站访问并购买了兰亭集势的商品时，兰亭集势则按照一定比例支付销售佣金给联盟网站。

兰亭集势 SEM 营销的九大真经可以总结为：（1）选择品类很关键；（2）用整合思路去做营销；（3）创意内容是营销基础；（4）用显微镜分析竞争对手；（5）人工与系统集合解决问题；（6）让数据说话；（7）细节决定成败；（8）从用户利益出发；（9）团队协作。

在搜索引擎营销战略上，兰亭集势主要做到了以下四点：第一是搜索营销效果化最大化，体现在展示和销售的效果最大化；第二是搜索营销多元化，兰亭集势同时在 Google，Bing，Yandex，Yahoo 等网站上进行营销；第三是做到了搜索营销的本土化，兰亭集势在 200 多个国家利用 100 多种语言在当地进行产品的推广；第四，其推广通过了多种途径，除了传统的 PC 之外，还有 Phone，Car PC，Tablet PC。

以上的多种渠道和方式，让兰亭集势成长为跨境电商领域的领头羊之一。

四、案例思考与练习

1. 兰亭集势的搜索引擎营销有什么特点？
2. 兰亭集势的营销方式有什么优势和弊端？

五、参考资料

［1］李鹏博. 揭秘跨境电商［M］. 电子工业出版社，2015.

［2］翁晋阳，Mark，管鹏，文丹枫．再战跨境电商－颠覆性商业时代下的"野蛮探路者"［M］．人民邮电出版社，2015．

［3］百度百科

http：//baike. baidu. com/link? url＝ooHJzTqAvGB2clyQdchbw_ieJpaX0dl71r71lruRkDv-KIoz1bA8yxPRNCIhchs1QGeQuoSwJZHPKAF78mEv3RchsslsIg7tV0nUaqP-yBCnbF7v＿vkIPZ2J-M38h3piDR8RFem9tf58hU2EQuFqxU3ma

http：//wenku. baidu. com/link? url＝Q2Y_brWmq32Q7VwvW7KYmcket3kZ49yzVq1322-Bt_2G_EQYE-axWxcC5gS21mzRBa0DwR1mRwy0kMa8E6AWD04_0dKGEOnIa1V3bd3Lh82W

http：//baike. baidu. com/view/3490144. htm

案例 9　DealeXtreme（帝科思）的论坛营销

一、案例小百科

（一）SNS 营销

SNS，全称为 Social Networking Services，即社会性网络服务，专指旨在帮助人们建立社会性联系的互联网应用服务。SNS 营销是随着网络社区化而兴起的营销方式。SNS 社区在中国快速发展的时间并不长，但 SNS 现在已经成为备受广大用户欢迎的一种网络交际模式。SNS 营销就是利用 SNS 网站的分享和共享功能，在六维理论的基础上实现的一种营销。通过病毒式传播的手段，让产品被更多的人知道。

1. SNS 的特点

（1）资源丰富

无论是综合的 SNS 还是垂直的 SNS 都没有特定的用户群体，其中的人员分布很广泛，全国各地各行各业的人都有，这就给 SNS 网站以无限的资源，由广大用户在使用中慢慢地帮助 SNS 网站积累了资源。其实用户就是资源。

（2）用户依赖性高

由于 SNS 网站积累了较多的资源，所以，SNS 用户可以更容易的在网站上找到自己想要的，比如，有些人希望找老乡、找些自己喜欢的东西。通过其他用户提供的资源可以解决这个问题。又如，在 SNS 认识了一些志同道合的人，所以每天都想上去交流一番。逐渐地形成了一定的用户群体，并有了较高的用户黏度。

（3）互动性极强

SNS 网站虽然不是即时通讯工具，但是它的即时通讯效果也是很好的。还可以写一些消息发给好友，这是极其方便的工具。在 SNS 网站人们可以就自己喜欢或当下热点的话题进行讨论。可以发起一些投票，发出一些问题，调动所有人的智慧。

上面第一条提到的丰富的资源就是 SNS 的最大价值。其实用户可以分为好多种，有人是想通过 SNS 来多认识些朋友，有人是想通过在 SNS 上发软文来推广自己的网站，有些人是想写写日志来交到更多志同道合的朋友，有人是想利用 SNS 的丰富人脉找到工作，等等。这些都是 SNS 网站的价值所在。

2. SNS 营销的优势

（1）SNS 营销可以满足企业不同的营销策略

作为一个不断创新和发展的营销模式，越来越多的企业尝试着在 SNS 网站上施展拳脚。无论是开展各种各样的线上的活动（例如：悦活品牌的种植大赛、伊利舒化奶的开心牧场等），产品植入（例如：地产项目的房子植入、手机作为送礼品的植入等），还是市场调研（在目标用户集中的城市开展调查了解用户对产品和服务的意见），以及病毒营销等（植入了企业元素的视频或内容可以在用户中像病毒传播一样迅速地被分享和转帖），所有这些都可以在这里实现，为什么这么说呢？因为SNS最大的特点就是可以充分展示人与人之间的互动，而这恰恰是一切营销的基础所在。

（2）SNS营销可以有效降低企业的营销成本

SNS社交网络的"多对多"信息传递模式具有更强的互动性，受到更多人的关注。随着网民网络行为的日益成熟，用户更乐意主动获取信息和分享信息，社区用户显示出高度的参与性、分享性与互动性，SNS社交网络营销传播的主要媒介是用户，主要方式是"众口相传"，因此与传统广告形式相比，无须大量的广告投入，相反因为用户的参与性、分享性与互动性的特点很容易加深对一个品牌和产品的认知，容易形成深刻的印象，从媒体价值来分析形成好的传播效果。

（3）可以实现目标用户的精准营销

SNS社交网络中的用户通常都是认识的朋友，用户注册的数据相对来说都是较真实的，企业在开展网络营销的时候可以很容易对目标受众按照地域、收入状况等进行用户的筛选，来选择哪些是自己的用户，从而有针对性的与这些用户进行宣传和互动。如果企业营销的经费不多，但又希望能够获得一个比较好的效果的时候，可以只针对部分区域开展营销，例如只针对北、上、广的用户开展线上活动，从而实现目标用户的精准营销。

（4）SNS营销是真正符合网络用户需求的营销方式

SNS社交网络营销模式的迅速发展恰恰符合了网络用户的真实需求。参与、分享和互动，它代表了网络用户的特点，也是符合网络营销发展的新趋势，没有任何一个媒体能够把人与人之间的关系拉得如此紧密。无论是朋友的一篇日记、推荐的一个视频、参与的一个活动，还是朋友新结识的朋友，都会让人们在第一时间及时地了解和关注到身边朋友们的动态，并与他们分享感受。只有符合网络用户需求的营销模式才能在网络营销中帮助企业发挥更大的作用。

（二）视频网站：YouTube

YouTube 是世界上最大的视频网站，2005 年 2 月由华裔（台湾）美籍华人陈士骏等人创立于美国加州的一个车库中。仅仅 20 个月后 YouTube 的点击率即超过了 1 亿。2006 年 11 月，Google 公司以 16.5 亿美元收购了 YouTube，并把其当做一家子公司来经营。被收购后的 YouTube 依然风靡全球网民。花旗银行分析师认为，以 2012 年整年计算，Google 可能从 YouTube 获得 24 亿美元的净收入。

2014 年 1 月 3 日，YouTube 宣布在拉斯维加斯消费电子展（CES）上演示 4K 高清视频流媒体服务。该服务采用谷歌的视频编解码技术 VP9。网站的未注册用户仍可以直接观看视频，而注册用户则可以上传无限制数量的影片。当影片有可能的冒犯性质的内容时，仅提供给 18 岁以上的注册用户观看。作为当前行业内在线视频服务提供商，YouTube 的系统每天要处理上千万个视频片段，为全球成千上万的用户提供高水平的视频上传、分发、展示及浏览服务。

二、案例背景

随着社会的快速发展和技术的不断提高，越来越多的销售渠道不断涌现。伴随着全新渠道的出现，"全渠道营销时代"也就来到了电商们面前。目前跨境电商平台卖家大多以平台内的营销方式为主，而品牌商、平台和独立外贸 B2C 最主要的营销方式是搜索引擎投放。此外，SNS 营销、EDM 营销及博客营销也是使用较多的途径。

SNS 营销可以满足企业不同的营销策略，有效降低企业的营销成本。它还可以实现目标用户的精准营销。总的来说，SNS 营销是真正符合网络用户需求的营销方式，尤其适合跨境电商。跨境电商可以通过 SNS 免费的网络向用户宣传和推销产品，塑造企业形象，还能按照用户习惯精确推送商品广告，可以为公司节省很多广告费用。主要的 SNS 营销网站有 Facebook、Twitter、YouTube、Printerest 等。

DealeXtreme（帝科思，简称 DX），外贸 B2C 领域一条"见尾不见首"的神龙，正是通过了这一独特的营销方式，仅仅用了 4 年时间（从 2006 年到 2010 年）就成功上市。

在老外眼里，DealeXtreme 是个很好的域名。Deal 是他们经常会搜索的词儿，Extrme 则代表了"极致"，两词放在一起让他们很容易联想到"中国制造"的性价比。DX 产品的单价和毛利在业内都出了名的低，还给客户免运费，每年盈利达到上千万美元。SNS 营销是 DX 保持下来的网络营销手段，它非常省钱，效益却惊人。

DX 以超前的技术架构、强悍的价格战能力、超低的人力成本以及犀利的网络营销技术迅速崛起，2011 年销售额即接近 2 亿美元。

DX 创始人陈灵健是香港人，早期与人合伙开了几个主营游戏配件的 eBay 网店，2007 年初从 eBay 平台上撤出来做独立网站。陈灵健是一位 80 后，毕业于美国常青藤名校，具有敏锐的市场眼光和超强的技术能力，DX 网站一开始的架构和代码就是由陈灵健自己完成的。陈灵健有着类似于顺丰总裁王卫那样的低调，从不参加业界的聚会，也不见媒体，除了 DX 的早期员工和个别现任高管，很少有人见过他。不过陈灵健在自己论坛上一度相当活跃，他的网名 Sonny Chen 在 DX 论坛上的地位与魅族 CEO 黄章（J. Wong）在魅族论坛的地位相当。

三、案例详述

我们先来了解下帝科思网站的流量情况

1. 搜索渠道关注度趋势

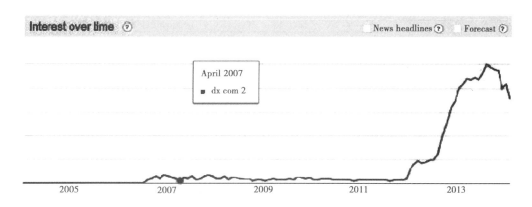

　　从上图可以看出，自 2006 年成立至 2011 年末，总体搜索渠道关注度上升并不明显。2012 年开始总体搜索渠道的关注度开始快速上升。

　　2. 流量的基本表现

　　网站日流量：51 万人次

　　客户的平均停留时间：8：49 分钟

　　在网站的平均浏览页数：8.75 页

　　网站平均跳出率：31.86%

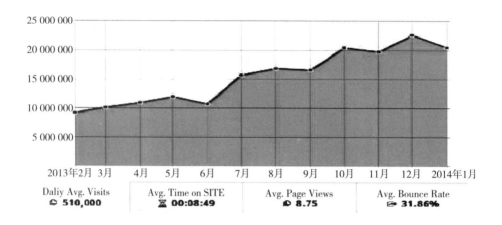

Daliy Avg. Visits	Avg. Time on SITE	Avg. Page Views	Avg. Bounce Rate
↻ 510,000	⌛ 00:08:49	⦿ 8.75	↪ 31.86%

3. 流量来源渠道构成分析

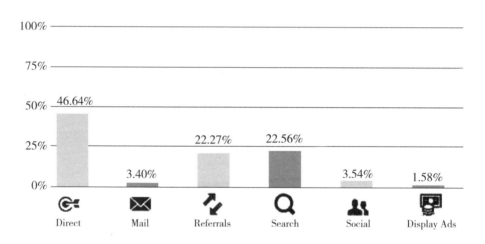

从上图，我们可以看出客户分别是从哪些渠道来访问网站的：

直接访问：46.64%

邮件营销：3.40%

引荐途径：22.27%

搜索引擎：22.56%

社交网络：3.54%

展示广告：1.58%

由此可见，除了传统的搜索引擎等方式，SNS 营销方式对 DX 的流量也有着极其重要的贡献。DX 通过和论坛合作，把网站相关的产品信息、打折优惠信息曝光，并把不同的产品推送到不同的论坛，是用户黏度极高而成本又极低的一种方式。此外，论坛营销一般都有一个主题，聚集的都是某个领域里的发烧友或对此感兴趣的人，因此论坛营销有很强的"精准性"，极大地提升了网站的点击率和订单的转化率。

但是 DX 真正把网络营销做得不一样的地方在于，它独立运营着一个论坛（http：//club. dx. com/forums），上面聚集了大批早年追随 Sonny Chen 的买家，并且不停地依靠口碑拉来新客户。按照陈灵健的设计，互联网的自由精神在这里得到了充分体现，DX 的员工从不被允许删除论坛上的任何一句评论，所有的版主都是消费者。在大部分的版块里，老外宅男们讨论着电子产品 DIY、游戏，或者吹牛扯皮甚至围攻 DX……它运行到现在，一些产品帖后面能够跟上数千条买家回复良好的口碑，使得 DX 论坛持续不断地吸引了越来越多的新客户，而这一切几乎不产生任何营销费用。DX 还通过与大量论坛合作把网站的产品信息推向各个区域市场，各种打折优惠信息在论坛里面曝光，而且针对不同的产品找不同的论坛来推广，效果非常明显。后期，DX 也开展了其他营销手段。但总体看来，DX 把整体营销费用控制在营收的 2% 左右，如此"神"的营销，令许多外贸 B2C 老板羡慕不已。

四、案例思考与练习

1. SNS 营销的主要网站有哪些？各有什么特点？

2. DealeXtreme 的 SNS 营销有什么优势？

五、参考资料

［1］李鹏博. 揭秘跨境电商［M］. 电子工业出版社，2015.

［2］翁晋阳，Mark，管鹏，文丹枫．再战跨境电商——颠覆性商业时代下的"野蛮探路者"［M］．人民邮电出版社，2015.

［3］百度百科

http：//baike. baidu. com/view/2960452. htm

http：//wenku. baidu. com/link? url = Cs13qcr593bi2944M7qtwTwueP6nhyYfc 8TQ37y6-QwkwvGi83dQDEnzfSC711kU_Ih1yfnKFQSPr_bBeRCIk08BCpIc0ESGV_dNsFoomy0m

案例10 电子邮件营销——大龙网

一、案例小百科

（一）电子邮件营销

电子邮件营销（Email Direct Marketing），也即 Email 营销，EDM 营销。说到 EDM 营销，就必须有 EDM 软件对 EDM 内容进行发送，企业可以通过使用 EDM 软件向目标客户发送 EDM 邮件，建立同目标顾客的沟通渠道，向其直接传达相关信息，用来促进销售。EDM 软件有多种用途，可以发送电子广告、产品信息、销售信息、市场调查、市场推广活动信息等。

电子邮件营销的优势在于：

①利用邮件营销发展自己的潜在客户，互联网使营销人员看到无数的潜在或意向客户。

②低成本的投入可以得到高额的回报。花几百元购买一些邮件库，每天给库里的邮件发送，从 10 万个邮件中提取 10 个客户就算是高回报了。

③快速增加网站流量访问，通过密集且匿名的发送，即使网民无意点击到邮件打开了网页，也是网站的流量。

④节省公司成本，通过电子邮件的营销比传统信件传送可以减少高达

99%的费用。

（二）邮件营销商：WebPower

WebPower（威勃庞尔）成立于 1999 年，总部设在素有"郁金香王国"之称的荷兰，其分支机构遍布德国、波兰、瑞典等多个欧洲国家，以及亚洲地区的中国，新加坡等地。WebPower 一直致力于邮件营销领域的产品研究、服务创新和业务咨询，始终站在跨界理论创新前沿，并引领了欧洲乃至全球范围内邮件营销应用的不断升级，目前已成长为全球领先的邮件营销解决方案提供商。通过提供高效灵活、用户界面友好的电子邮件营销专业平台 dmdelivery，以及更多具有行业应用性的咨询、策略服务，WebPower 具备了可为其客户在全球范围内同步开展大规模电子邮件营销活动的能力。

二、案例背景

电子邮件是跨境电商卖家与国外买家进行交流的重要媒介之一，利用邮件，卖家可直接快速地对买家进行精准营销，只要是跨境电商企业，或多或少都会利用这个营销工具。由于人文环境因素的影响，国外使用电邮作为交流方式要比国内更加普遍。

电子邮件营销形式多样，只要策划得当，转化率要比搜索引擎流量和社交媒体流量的转化率都要高；而且电子邮件营销成本较低，相比其他推广方式如搜索引擎优化、社交媒体推广等，所用的时间较短。另外，电子邮件营销还有利于跨境电商企业长期与订阅用户保持联系，从而增加了用户黏度，提高了用户忠诚度。

虽然跨境电商使用 EDM 营销非常普遍，但是不同卖家所运用的推广方式和手法各不相同，所取得的效果也大不一样。大龙网在 EDM 营销方面，是为数不多的采用"多组合策略挽回客户"的跨境电商企业。

　　大龙网公司成立于2009年，是一家注册地在香港的国际性公司，其核心管理团队为冯剑峰等人，天使投资人为前阿里巴巴集团CTO兼中国雅虎CTO吴炯，并先后引入了北极光创投、海纳亚洲、新加坡F&H等投资基金，现已成为中国最大的跨国电子商务交易平台之一。

　　大龙网坚守双向联合的政策做跨境电子商务，对外采用OSell平台建立全球经济人体系，联盟于海外零售终端和大小批发商，以解决对方国家最后一公里的问题。在海外商人眼中，大龙网的定位是他们的中国供应链合伙人。对国内，大龙网采用18985速卖宝平台来联合国内的优秀供应商，解决国内供应链的本土化资源管理问题。在中国供应商的眼中，大龙网是其产品跨境销往全球的全球网络分销渠道合伙人。3BC模式就是在全球在线零售渠道和中国供应商之间修筑一条信息流、物流、资金流的服务大通道，3BC双招商平台是带服务、带后端、私有化定制的平台，解决了中国供应商对国际市场的最终难题，也解决了海外零售批发商从中国进货的服务和信用担保问题。

三、案例详述

　　大龙网在用户注册订阅邮件的初始，为用户提供新用户优惠及购物流程指导。作为欢迎新用户的入门礼，这种做法在跨境电商邮件营销中得到了普遍且很好的应用。在WebPower中国区跨境电商邮件营销实践调查中，跨境B2C电商一般会在用户成功订阅邮件后，发送确认订阅邮件、欢迎邮件等类型的邮件，从用户体验的角度，给新加入的用户提供网站购物及操作指南及向导。在确认邮件中，适当巧妙加入热门产品、Coupon等促销元素，引导用户转化等。

　　但是这种良好的开始往往并没有得到延续。当客户许久不曾活跃在你的邮件列表中，大部分的跨境电商没有采取后续行动。通过邮件和SEO、广告等渠道辛苦吸引过来的客户，就这样悄悄地流失了。大龙网是为数不多的采用"多组合策略挽回客户"的跨境电商企业：（1）60 天、120 天……当你许久不曾打开点击邮件，大龙网都会给你发送一封亲切而深情的呼唤你回归的邮件，当然邮件中额外折扣必不可少。（2）除此之外，他们还考虑到了可能由于阅读设备及方式的变化造成了你的离开，所以邮件中同时还提供 Newsletter、APP、Facebook 等覆盖主流用户群体的多个渠道来挽回用户。（3）如果以上的努力，还是不能令用户满意，那么 Customer Service Center 是最后的法宝，能够做到让用户满意为止。这反映了其实大龙网在客户服务上的重视程度，试想"客户服务中心"将给客户带来什么感觉——我们不仅随时关注你的需求，我们更关心并关注你。

四、案例思考与练习

1. EDM 营销有什么优势和劣势？

2. 大龙网的 EDM 营销有什么特点？

五、参考资料

［1］李鹏博. 揭秘跨境电商［M］. 电子工业出版社，2015.

［2］翁晋阳，Mark，管鹏，文丹枫. 再战跨境电商——颠覆性商业时代下的"野蛮探路者"［M］. 人民邮电出版社，2015.

［3］百度百科

http：//baike. baidu. com/link？url＝KXLFSdqW7pQvhPn1rISfOyZk2kATdR-cLjLz4DM-G5V6zstKpizrG9asbIqRWe4Dd1_yOUouE2ldsyMgaDpxr5n_

http：//baike. baidu. com/subview/3798400/12529586. htm

http：//baike. baidu. com/view/4910197. htm

第六辑　跨境电商助力传统外贸华丽转身

案例 11　传统安防外贸企业转型跨境电商
——深圳网易盛世科技公司

一、案例小百科

（一）2008 年金融危机

早在 2007 年 4 月，美国第二大次级房贷公司——新世纪金融公司的破产就暴露了次级抵押债券的风险；从 2007 年 8 月开始，美联储做出反应，向金融体系注入流动性以增加市场信心，美国股市也得以在高位维持，形势看来似乎不是很坏。然而，2008 年 8 月，美国房贷两大巨头——房利美和房地美股价暴跌，持有"两房"债券的金融机构大面积亏损。美国财政部和美联储被迫接管"两房"，以表明政府应对危机的决心。随后发生雷曼兄弟宣布申请破产保护；美国银行宣布将以 440 亿美元收购美林；美国政府出资最高 850 亿美元救助美国国际集团（AIG）；美联储批准高盛和摩根士丹利转为银行控股公司的请求，华尔街投行退出历史舞台；华盛顿互惠银行被美国联邦存款保险公司（FDIC）查封并接管，成为美国有史以来倒闭的最大规模银行。

受到美国次贷危机的冲击，欧洲各国开始采取措施：提高个人存款担保额度；巴黎银行收购富通集团在比利时和卢森堡的业务；英政府宣布向本国四大银行注资 350 亿英镑；乌克兰和匈牙利接受国际货币基金组织（IMF）紧急贷款。但由于冰岛遭遇"国家破产",危机已经扩散至整个欧洲。当月,全球主要央行先后两次同步降息;八国集团(G8)财政部长会议承诺用"一切可用手段"对抗金融危机。

(二)网上交易平台:敦煌网、速卖通、eBay

1. 敦煌网

敦煌网是全球领先的在线外贸交易平台。其 CEO 王树彤是中国最早的电子商务行动者之一,1999 年参与创建卓越网并出任第一任 CEO,2004 年创立敦煌网。敦煌网致力于帮助中国中小企业通过跨境电子商务平台走向全球市场,开辟一条全新的国际贸易通道,让在线交易不断地变得更加简单、更加安全、更加高效。

敦煌网是国内首个为中小企业提供 B2B 网上交易的网站。它采取佣金制,免注册费,只在买卖双方交易成功后收取费用。据 PayPal 交易平台数据显示,敦煌网是在线外贸交易额中亚太排名第一、全球排名第六的电子商务网站,2011 年的交易达到 100 亿规模。作为中小额 B2B 海外电子商务的创新者,敦煌网采用 EDM(电子邮件营销)的营销模式低成本高效率地拓展海外市场,自建的 DHgate 平台,为海外用户提供了高质量的商品信息,用户可以自由订阅英文 EDM 商品信息,第一时间了解市场最新供应情况。2011 年在深圳设立华南总部,部署物流相关工作。敦煌网 2013 年推出的外贸开放平台实质上是一个外贸服务开放平台,此举是在试探外贸 B2B "中大额" 交易,通过开放的服务拉拢中大型的制造企业,最终引导它们在线上交易。

2. 速卖通

全球速卖通是阿里巴巴旗下面向全球市场打造的在线交易平台,被广大卖家称为国际版"淘宝"。

像淘宝一样,卖家把宝贝编辑成在线信息,通过速卖通平台发布到海外。再以类似国内的发货流程,通过国际快递,将宝贝运送到买家手上。就这样轻轻松松，与 220 多个国家和地区的买家达成交易，赚取美元。

速卖通于 2010 年 4 月上线，经过五年多的迅猛发展，目前已经覆盖 220 多个国家和地区，每天海外买家的流量已经超过 5000 万，最高峰值达到 1 亿。2014 年"双 11"速卖通当天成交 680 万个订单，比上年增长 60%。截至美国太平洋时间 11 月 11 日 24 点，速卖通订单最多的国家和地区包括俄罗斯联邦、巴西、以色列、西班牙、白俄罗斯、美国、加拿大、乌克兰、法国、捷克、英国，订单总量超 680 万。

3. eBay

eBay（EBAY，中文译为电子湾、亿贝、易贝）是一个以拍卖起家，现可让全球民众上网买卖物品的线上拍卖及购物网站。eBay 于 1995 年 9 月 4 日由 Pierre Omidyar 以 Auctionweb 的名称创立于加利福尼亚州圣荷西。2014 年 2 月，eBay 宣布收购 3D 虚拟试衣公司 PhiSix。

eBay 的盈利模式是向每笔拍卖收取刊登费（费用从 0.25 ~ 800 美元不等），向每笔已成交的拍卖再收取一笔成交费（成交价的 7% ~ 13% 不等）。由于 eBay 另外拥有 PayPal，所以也从此处产生利益。eBay 和 PayPal 类似国内淘宝和支付宝，一个用于开店，一个用于付款。

二、案例背景

网易盛世科技有限公司（Egomall Tech）是一家拥有全新营运模式的跨境电子商务公司，依托自由贸易港香港，业务范围辐射深圳、郑州、武汉，乃至美国德克萨斯等地，拥有庞大的仓储和物流系统。公司产品线覆盖安全防护产品、汽车电子、消费电子、照明灯具、美容美发、工具类用品等各行业，客户来自全球两百多个国家和地区，致力于为全球的消费者提供超预期的产品和服务。

公司拥有业内最为领先和高效的管理模式，集产品销售、仓储和国际物流为一体，引领跨境电商供应链，为跨境电子商务提供专业可靠的信息、简洁快速的物流、优质安全的产品。公司自成立以来，一直呈井喷式发展，年复合增长率超过300%。在不断完善公司内部流程的同时，形成了独特而理性的企业文化。

网易盛世科技电商公司档案

主营产品：报警器、网络摄像机等安防产品
目标市场销售比重：北美、西欧50%，巴西30.5%，澳洲10%
入驻平台销售比重：敦煌网70%，速卖通30%
月销售额：50万美元以上
毛利率：20%～30%
面临问题：外贸电商人才缺失，新兴市场物流问题
未来规划：将电商部门独立成子公司，建立针对单一国家的独立B2C，开发高端产品

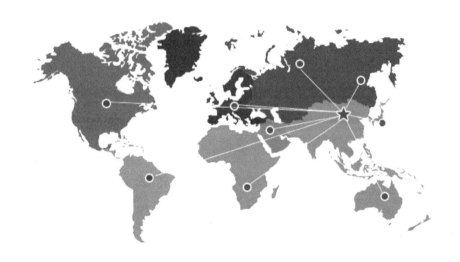

三、案例详述

"在如今的经济形势下，很多工厂的产品卖不出去，外贸电商恰恰能帮助他们把产品卖到全球市场，而且能打造中国自己的品牌。"

与大多数传统外贸企业一样，2010 年前的网易盛世科技（香港）有限公司通过传统的外贸渠道进行销售，过着平平淡淡的小康生活，但是这样的好光景却随着 2008 年金融危机的到来终结了。外贸形势日益严峻，老客户下单越来越少。像往常那样每年只需几个订单就可以吃饱喝足的日子一去不复返了，企业不得不直面如何绝处逢生的难题。

与众不同的是，这家企业在穷途末路之际，却能够通过外贸电子商务途径每年增收几百万美元，成为一家引人瞩目的明星企业。

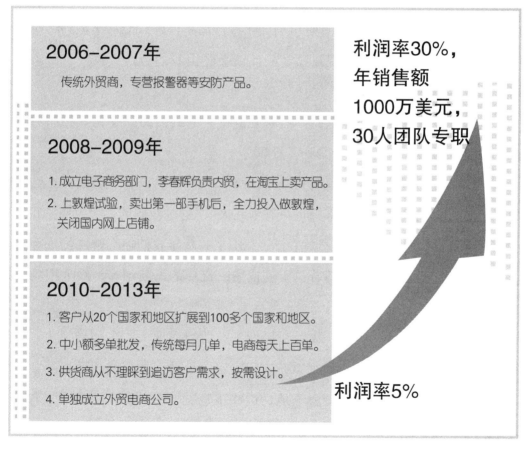

2006-2007年
传统外贸商，专营报警器等安防产品。

2008-2009年
1. 成立电子商务部门，李春辉负责内贸，在淘宝上卖产品。
2. 上敦煌试验，卖出第一部手机后，全力投入做敦煌，关闭国内网上店铺。

2010-2013年
1. 客户从20个国家和地区扩展到100多个国家和地区。
2. 中小额多单批发，传统每月几单，电商每天上百单。
3. 供货商从不理睬到追访客户需求，按需设计。
4. 单独成立外贸电商公司。

利润率30%，
年销售额
1000万美元，
30人团队专职

利润率5%

绝处逢生，开拓外贸电商渠道

在传统外贸的落日余晖中迎来曙光乍现，得益于一位年轻人——李春辉。2010 年，在这个阳光帅气、朝气蓬勃的外贸年轻人的带领下，网易盛世在原有的传统贸易基础上拓展了在线外贸生意。

李春辉表示，促成公司转型的重要原因是他观察到了国际采购形势的转变。在经济不景气的情况下，采购商不再像以往一样一次采购几百上千单，而更倾向于小批量高频次地采购。而这种采购形式恰恰是跨境电商所擅长的。

转型过程中，网易盛世遇到最大的问题是上游供应商的不支持。李春辉表示，"两年前，我们同供应商谈判时，他们觉得这样的形式很不现实，往往不屑一顾。"但随着近两年网易盛世采购量不断加大，这种情况得到了很大转变。"现在他们经常会向我们打听市场上哪些产品卖得好。能够接触到终端消费者，是我们最大的优势。现在顾客的反馈会经由我们传达给厂家，厂家再对产品做出调整。"

从传统外贸转型到跨境电商，网易盛世得到的最大的好处就是利润的增长，目前其利润率已从5%上升到了近30%。

2012年春节前，网易盛世公司电子商务部只有7人，春节后就扩充到了13人，而此时公司传统外贸部门也只有十几人。"这是我们的一次蜕变，我们相信明年可以做得更好。"李春辉表示，"未来一两年我们还会继续加大在线业务的投入，因为我们相信随着员工的成熟，订单的不断增多，线上市场会越来越大。"

据了解，网易盛世主营车载后视摄像头、后视摄像头、车载摄像头、车载显示器、倒车雷达、车载后视系统、GPS定位导航、外贸四频手机等，产品主要出口到北美、西欧、澳洲等地，这些市场约占公司销售总额的60%。眼下来自巴西、俄罗斯、印度等新兴市场的订单也越来越多，从销售数据来看，仅巴西的订单每月上涨幅度就高达20%。网易盛世正在考虑在潜力最大的市场，比如在巴西、俄罗斯等设置海外分支机构。

现在人们越来越注重公司、工厂、家庭以及个人的安全防护，这无疑大大促进了安防产业的发展，而中国则是全球安防最大的制造商，虽然主要是中低端产品，但网易盛世凭借着成熟的管理方式等自身优势与中国供应商成功议价，从而保证了其价格在国际市场具有强劲的竞争力。

羡慕之余，人们禁不住想探究其到底如何成功转型的？一路走来难不难？

时间回溯到2008年，面对金融危机，网易盛世不甘坐以待毙。时逢电子商务在国内风生水起，公司遂成立了电子商务部，开始涉足淘宝业务，主做外贸市场兼做国内市场。"后来我们了解到敦煌网这种全新的在线外贸交易模式，意识到这种线上直接完成全部交易流程的模式必然是未来的一个趋势，因此2010年下半年，我们毅然放弃了淘宝业务，开始把全部资金、全副精力地转到敦煌网平台做在线外贸。"回忆过往，李春辉笑容满面，"实际上，随着金融危机的加深，目前外贸形势仍未好转，甚至愈加严峻。我们当然不愿把资金押到库存上，海外采购商同样也想使自己的资金周转速度更快、效率更高，因此也会转向从网上采购的形式。很明显的变化是，以前海外采购商习惯一次性购买500套、1000套产品，而现在他们的采购方式发生了变化，更倾向于频繁的中小批量采购，但是要求供货一定要快。为了求快，有时他们不惜花费空运的价格。当然大多数时候，他们在意的是又快又便宜。"

外贸电商，这边风景独好

做线上外贸交易之前，网易盛世的客户分布在近20个国家，增加电子商务渠道以后大大拓展了客户的覆盖范围。"现在我们的包裹发到了全球100多个国家和地区，这是之前想都不敢想的。"李春辉还道出了开辟线上外贸业务后的另一个重要变化，"以前做传统外贸时公司大单走得多，但是订单数少。增加电子商务渠道之后，我们的生意模式就随着线上外贸交易的大潮流而走。由于很多国家的线上外贸是以中小额批发生意为主，所以大大拓展了我们的中小额批发生意。"

"现在很多大学生就业难，还有一些人找不到理想的工作，而像我们这类在线外贸公司既可以提供较好的待遇，又能为他们提供施展自己才能的舞台，前景非常看好。"李春辉表示，"实际上，在如今的经济形势下，很多工厂的产品卖不出去，而我们这种外贸电商恰恰能够帮助它们把产品卖到全球市场，而且打造的是我们自己的品牌。"

让李春辉仍然感到遗憾的是，目前中国线上外贸占传统外贸的比重还不到1%，这一比重与高速成长的在线外贸交易规模很不相称。按照一般的交易比重来看，在线外贸交易额在目前的基础上再提高20%~30%是完全没有问题的，可以说有着非常大的成长空间。与此同时，在线外贸交易带动了很多人就业，虽然目前我们尚未看到国内从事外贸电商的卖家数量的具体统计数字，但是这一群体应该已经具备了相当的规模。

尽管近几年的外贸大环境依然不太乐观，但是李春辉认为中小额在线外贸份额会实现更快的增长，"因为经济环境越不利，我们的客户的资金压力就越大，他们不愿压货，所以更乐于采用这种方式，中小批量、多频度下单。这显然是在线外贸交易模式的核心优势。"

传统外贸 PK 在线外贸

实际上，2006年网易盛世就开始以传统外贸生意模式起家，在开拓线上外贸业务之前，李春辉在网易盛世做传统的线下外贸业务。2009年，他就耳闻敦煌网之名，只是当时对此没有任何了解，甚至不理解为何敦煌网会有一个中文版、一个英文版网站。2009年10月，敦煌网向他介绍这个业务的时候，他突然感觉到这一模式的诱人之处，随即注册了一个账号，但是工作忙也没有去管理线上业务。直到2010年8月，当他看到朋友们在敦煌网上做得有声有色时，突然产生一个念头：如果以公司的力量去做线上的外贸业务可能会比那些个人网店做得更出色。于是，李春辉开始策划并牵头开启了网易盛世的敦煌网在线外贸之旅。

说起最初做在线外贸生意时的境况，李春辉仍掩饰不住兴致，"当时我们完全不懂，甚至收到订单后怎么发货都不知道，我们只好联系敦煌网帮我们推荐了一家物流公司，才把货发出去。公司最早试水线上业务也只是抱着试试看的想法，其实当时我们淘宝上的业务做得也不错，但是做敦煌网第二个月就关闭了淘宝业务。因为我觉得只有用心专注地做一件事才能做好。"这一明智、及时而果断的决定果然不负众望。

时至今日，网易盛世仍然没有放弃传统渠道的外贸业务。2008 年电子商务部刚成立时，公司线上业务的销售比重很小，经过两年的倾情投入，现在线上业务月销售额已高达 50 万美元，这一数字在公司业务中增长速度是最快的，潜力可谓巨大。

目前，网易盛世的线上业务以敦煌网平台为主，同时也在其他平台进行尝试，"相比而言，公司的传统业务增长并不快，我们看到以敦煌网为代表的在线外贸交易平台，能够让我们用最短的时间把最好的产品带给全球消费者，而且利润得到较大提高，以前传统外贸业务的利润率比较低，只有五六个点，而现在我们的利润已经做到 10% ~ 20%。虽然现在成本并未降低很多，但是通过在线外贸平台我们不但做批发还可以直接把产品卖给消费者。走传统外贸渠道时我们只能走大批量订单，而现在既有批发也有零售，无形中利润就增高了。"李春辉表示，"随着团队的成长，相信我们的营业额还会有很大增长，今后公司肯定还要加大线上的投入，这一趋势很明显。"

2013 年，网易盛世计划将电商业务分拆成独立的公司运作。李春晖认为，"传统外贸与电商的差别太大，理念完全不同。比如说，做传统业务的时候，是先收到货款再发货，如果产品有问题，也都是老客户，好商量，下次补发好货就 OK 了。而电商渠道大部分都是新客户，零售用户对购物体验的要求也更高。所以分开来做比较好些。"

　　一路走过来的李春晖，谈及感受和经验自然有说不完的话，"敦煌网经常提供培训，这些对我们来说非常有价值。2010 年敦煌网开通了敦煌动力营，在深圳、东莞、南昌几个城市开课，我们在深圳参加了培训，受益匪浅。平时敦煌网也有一些线上的视频培训课程，我们要求业务员每周都要看看有什么新的内容、新的问题。平时敦煌网的行业经理也会给我们提供个别指导。敦煌网以前还推出过外贸电子商务师认证培训的课程，经培训拿到证书的人到公司就能上手，大大缩短了培训期，效果非常好。"李春辉看似轻描淡写的言谈中掩不住高兴之情。

　　过硬的产品质量和服务是核心中的核心，关键中的关键。根据网易盛世的订单规则，在售前环节，客户询问之后，他们会第一时间回复；在售中环节，一旦客户下单，他们会对所有的产品进行 100% 质检，商品打包时会采用非常好的独立包装箱，确保包裹到达买家手里时是完好无损的；在售后环节，敦煌网要求一年质保，如果客户收到的产品确实有问题，把货返回来后，他们会尽快为客户更换新品。

　　"线上业务存在一个约束，因为我们的钱要经过第三方平台，这对买家可以起到非常好的保障作用。但相对来说，对卖家的约束会更多，因此我们必须全心全意做好服务。"李春辉表示，"传统外贸业务每月只出几单，财务相对比较简单。而在线外贸业务每天上百单，财务要把每个订单的采购、运费、佣金各方面全部做好，工作相对复杂并且工作量大。所以说，现在外贸电商业务的工作正在朝越来越精细化的方向发展。"

诀窍：注重服务细节

　　细节上的服务往往是留住客户的决胜要素。比如除了个人买家，很多国外电商平台上的卖家也会从网易盛世的店铺进货，并要求其直接将商品寄给终端消费者。对于这部分客户的订单，网易盛世会挑出来单独处理。

　　首先他们会以客户的名义给收件人写一封感谢信夹在包裹中，并附带一份小礼物。其次网易盛世不会在这部分包裹的内外包装上标注自己公司的任何标志和信息，以避免消费者发现商品并非来自网易盛世的客户。

曾经有一位俄罗斯的工程师在工作之余，从网易盛世的敦煌网店铺购买报警器再拿到俄罗斯当地去卖。双方持续合作一年之后，这位工程师决定改行卖按摩椅。基于此前良好的合作，该工程师希望网易盛世能够提供帮助，代其采购相关产品。对于网易盛世来说，这笔交易不仅费时费力，还几乎没有利润。但由于不愿意失去一个老客户，网易盛世还是答应了客户的请求。

经过一个多月的时间，网易盛世从1688.com、淘宝、eBay、实体店等多个渠道终于凑齐了客户想要的产品，统一打包快递过去，再次赢得了客户的好感。后来，IPcamera（网络摄像机）在俄罗斯热卖，这位工程师又开始从网易盛世大量采购产品。目前双方仍在继续合作。

因为对服务细节的追求，目前网易盛世电商平台上仅占整体25%的老客户却贡献了70%的营业额。

四、案例思考与练习

1. 传统外贸企业在2008年金融危机之后遭遇了哪些困境？
2. 为什么说跨境电商是传统外贸企业的一条新出路？
3. 传统外贸企业转型跨境B2C会遇到哪些问题和困难？
4. 如何应对传统外贸企业在转型跨境电商的过程中所遇到的问题？

五、参考资料

1. 网易盛世科技有限公司网站 http://www.hkegomall.com/
2. 亿邦动力网 http://www.ebrun.com/
3. 百度百科

案例 12　高效外贸电商团队的组建"秘籍"
——温州新文进出口有限公司

一、案例小百科

（一）投资回报率（ROI）

ROI，是英文 Return On Investment 的缩写，指通过投资而应返回的价值，即企业从一项投资活动中得到的经济回报，它涵盖了企业的获利目标。利润与投入经营所必备的财产相关，因为管理人员必须通过投资和现有财产获得利润。投资可分为实业投资和金融投资两大类，人们平常所说的金融投资主要是指证券投资。

投资回报率的计算公式是：年利润÷投资总额＝ROI

（二）OEM

OEM，是英文 Original Equipment Manufacturer 的缩写，字面意思是原始设备制造商，指一个厂商根据另一个厂商的要求，为其生产产品或配件，亦称为定牌生产或授权贴牌生产。国内习惯称之为协作生产、三来加工，俗称加工贸易。这是指一种"代工生产"方式，品牌商不直接生产产品，而是利用自己掌握的"关键核心技术"，负责设计和开发，并控制销售"渠道"，具体的加工任务交给别的企业去做的方式。这是在电子产业大量发展起来以后才在世界范围内逐步形成的一种普遍现象，微软、IBM 等国际上的主要大企业均采用这种方式。国内在家电行业也比较流行，例如 TCL 在苏州三星定牌生产洗衣机，长虹在宁波迪声定牌生产洗衣机等。

二、案例背景

温州新文进出口有限公司是一家以中国制造为基础的新兴的全球性出口

企业，成立于 2004 年，年出口额达 600 万美元。新文公司已经为特有的温州制造产品建立了广泛的网络资源。目前新文公司的主要经营领域涉及：各种纸品、胶粘产品、文具、礼品、水处理、阀门配件、汽车空调压缩机等。

新文进出口有限公司于 2006 年 8 月与香港德克国际集团有限公司合作，联合打造 DEKORE（德克）家居用品品牌，利用中国的制造优势进军海外市场，主要目标市场锁定在欧洲、美国、澳洲。目前，新文公司全权负责德克国际集团有限公司在浙江地区的采购以及国内 OEM 贴牌生产的控制管理。

2007 年 1 月，新文进出口有限公司控股上海汉苏电子科技有限公司，致力于生产销售 7V、6V 系列内控变排量压缩机。汉苏公司成立于 2006 年，为国内唯一一家真正专业生产 7V16 系列汽车空调压缩机的厂家，工厂位于上海浦东新区。

2007 年墙贴开始风靡，而苍南金乡的胶粘类产品从 20 世纪 80 年代末便开始兴起。在这样的天时地利人和之下，温州新文进出口有限公司创立了 Fancy-fix（凡菲）墙贴品牌，成了中国第一家提出"墙贴"中文概念的企业。

2008 年是 Fancy-fix（凡菲）最辉煌的一年。而短暂的辉煌之后是 2009 年开始的历时三年之久的整个国际经济环境的崩溃，凡菲经受住了压力，并随即发起了绝地大反击——全网营销。时至今日，"小而美"已然成了凡菲的另一个生存之道。不管怎么改变，凡菲始终专注墙贴，就像耐克专注于跑鞋一样！

三、案例详述

当传统外贸企业出现经营危机时，人们自然而然地开始尝试电子商务方式。因为外贸电商的营销模式是一个投入成本低而收效快的方式，即投资回报率（ROI）最高的方式。同时，电子商务也是试错成本最低的一种方式，它可以在短期内实现"所见即所得"的效果，特别适合那些处在危机中的传统外贸企业。

温州新文进出口有限公司就是在这背景下转型做外贸电商的。该公司总经理、凡菲墙贴创始人陈德慧（Michael）曾告诉某媒体，在恶劣的全球环境下，目标市场低迷，利润下滑，订单碎片化，外贸传统销售渠道受阻，展会效果日薄西山，公司被迫进入休憩调整阶段。"实话实说，转战外贸电商是为危机所迫。"其公司在转型为外贸电商以来，喜忧参半。为此，陈德慧将自己组建电商团队过程中遇到的问题及一路的心路历程分享出来，给外贸人组建电商团队提供借鉴之道。

让屌丝逆袭"推广部"

陈德慧表示，其实很多企业，尤其是 B2B 的企业都会利用阿里巴巴等平台经营和推广。在第三方平台上，尤其是 B2B 平台，外贸企业总会遇到这种经历：平台的操作人员不断更换。因为当一个外贸员逐渐成熟后，就会开始怠慢 B2B 平台的运作和维护，不再像当初那样非常用心地对待平台。久而久之，平台就成了摆设，好的还勉强算一个企业展示产品的地方，坏的就成了食之无味的鸡肋。所以平台的效果总是呈现一种波浪式的发展，而且产出效果一年不如一年……

"我们通过组建'推广部'来解决这个问题，这也是组建电商团队的第一步。推广部由专职人员来维护第三方平台，比如阿里巴巴国际平台（全球旺铺）、诚信通，外贸员只需负责处理询盘即可。一段时间后，公司能明显感受到专职的推广部带来的好处：专人维护会更专业更有效率；专职维护会让平台的效果趋于稳定；外贸员可以更加专注于客户询盘的跟进。"陈德慧认为，"传统外贸企业一定要先从第三方平台进入外贸电商。因为平台是最容易维护，也最容易出成效的地方，平台的'所见即所得'方式非常有杀伤力。"

陈德慧透露，除了第三方平台之外，传统外贸企业最喜欢做但也最难做的是企业官网。"中国中小企业 90% 以上的官网都是垃圾，都是废弃的仓库，基本不发生效益，因为它们比平台还要惨，根本无人打理。所以，推广部还有一个极其重要的工作就是持续建设官网，内容更新、产品优化、搜索引擎优化等。"

传统外贸企业在初涉电商时，维护好官网和第三方平台是首要的任务，因此建立"推广部"是一个不错的选择。原有团队中，很少有外贸员愿意去做这样枯燥乏味的平台运营工作，尤其是在业务繁忙时。平台的维护工作，让屌丝或者宅男级别的员工去做才适合，因为他们相对内向，擅长面对虚拟的世界挖掘数据，所以经常能完成普通外贸员不能做到的事情！

"一国两制"服务不同客户

所有电商团队的组建过程并非总是一帆风顺，但不断优化是公司永葆活力的因素。陈德慧认为，对于有条件的企业，除了组建推广部，还必须将外贸团队分成 B2B 和 B2C 两个团队，因为面对不同的客户需要不同的心态和定位，才能服务好。

B2B 和 B2C 两个部门下又分两个独立的小组，分别为外贸和内贸组。这些下属的小组，如果按照电商专业命名就是运营小组，其功能涵盖了企划、美工、客服、物流、后勤五大职能。

据陈德慧介绍，其公司外贸 B2B 组的人数最多，6 个人，每 3 个人组成一个团队全权运营一个阿里巴巴平台，此外仍保持 2 个老业务员的团队继续传统的外贸模式，称之为"一国两制"。同时设 1 个外贸部经理来管理这三个团队，重点是监督管理两个 B2B 电商小组的电商运营。在 B2C 部门中，外贸组只有 3 个人，主要负责速卖通、敦煌网、eBay 等平台；内贸组有 4 个人，主要负责天猫旗舰店和 10 家分销商的管理。

对于以上电商各个职能部门，他提醒准备转向电商的传统外贸企业要注意以下三点：

第一，专业的事情让专业的人干！在初期阶段，由于人员招聘的问题、资金预算或者成本节约等目的，企业通常会让其他部门的员工去兼职做电商的工作——这是个极大的误区！越是在初期阶段，越需要专门的团队来筹建。否则，电商工作没有做好，还会影响本职工作，更严重的还会引发员工离职等"次生灾害"。

第二，外贸电商是企业管理的新方式，是一种新的经营理念。所以从一开始，企业就要抛弃传统的模式和思维方式，要经常颠覆性思考：我们想到的，都是错的！我们认为对的，都是错！建议采取独立部门、独立成本、独立核算，类似于"内部创业"的概念。

第三，美工和企划岗位很重要，一定要专人负责或者培养。传统企业很少设置专门的美工和企划人员，因此这两个角色一定要选好。因为在进入电商之后，我们会发现企划和美工是基础。如果缺乏了他们，就会陷入"巧妇难为无米之炊"的尴尬境地。

考核电商，结果和过程并重

"在完成电商团队的架构之后，必须开始建立电商团队的绩效考核，以及形成 PK 机制，这点非常重要。"

陈德慧认为，外贸电商与其他电商一样，是非常苦逼和沉闷的工作。虽然企业在选人上已经突破传统，但要明白传统企业是没有任何经验去管理电商人才的。通俗地说，屌丝们的想法和做法都是有悖于传统管理模式的，这就必须要颠覆。如何颠覆呢？他提出了自己的建议。

首先建立以数据为基础的绩效考核制度，凡事以数据说话。这需要管理者首先自己学会看数据，懂得判断数据的优劣。现在的后台都有非常详细的数据指标，一定要日日关注，周周分析，月月总结。

其实做到这点非常难！因为在做传统企业时，企业经营的数据是无法时时呈现的，大抵都是在月底月初才会研究财务部提供的利润表和平衡表。对电商的考核，要结果和过程并重。以数据的优良为唯一的判断依据，而不能像以往一样拍脑袋去做出一些决定和感性的决策。这就是为什么"外贸电商是一个新的管理模式"的原因之一！

其次，鉴于电商工作的特性，比如长时间地面对电脑，员工的性格容易变得越来越沉默，甚至出现沟通障碍。如今电商员工多是80后、90后的宅男宅女，属于极具个性的一代人，企业在管理方式上必须适应他们的个性需求。

根据电商业的管理经验，大家都在使用的激励方式是团队与团队的PK（比拼）机制。比如，在每个月的团队目标设定、平台数据、月度业绩等方面都设立了不同的奖金或者奖品，来鼓励各个团队进行比赛。企业需要奖励优胜者，刺激落伍者。"我们公司设立了'订单王'大赛，每季度评比一次，第一名的奖励是iphone 5。"陈德慧说，团队与个人的考核鞭策都要到位。在电商运营中多奖励先进团队，自然就会带动一些后进的员工。

四、案例思考

1. 根据温州新文进出口有限公司的转型之路，分析传统外贸企业在转型跨境电商过程中的优势与困难各有哪些？

2. 试分析在传统外贸企业里组建一支专业高效的电商团队的重要性。

3. 组建一支专业高效的电商团队的核心是什么，应关注哪些要点？

4. 如何保证电商团队得以持续高效运行？管理的关键在哪里？

五、参考资料

1. 亿邦动力网 http：//www. ebrun. com/

2. 中国电子商务研究中心 http：//www. 100ec. cn/

3. 雨果网 http：//www. cifnews. com/

4. C周刊 http：//cweekly. cifnews. com/Index

5. 温州新文化进出口有限公司 http：//fancyfix. atobo. com. cn/

6. 百度百科

第七辑　跨境电商与自贸区

案例 13　亚马逊入局中国海淘

一、案例小百科

（一）自由贸易试验区与自由贸易区

自由贸易试验区和自由贸易区并不是同一个概念。

自由贸易试验区是指在国境内关外设立的，以优惠税收和海关特殊监管政策为主要手段，以贸易自由化、便利化为主要目的的多功能经济性特区。原则上是指在没有海关"干预"的情况下允许货物进口、制造、再出口，其核心是营造一个符合国际惯例的，对内外资的投资都要具有国际竞争力的国际商业环境。

自由贸易区有两个本质上存在很大差异的概念：一个是 FTA，另一个是FTZ。由于中文名称基本一样，很容易造成理解和概念上的混乱。

FTA（Free Trade Area）：源于 WTO 有关"自由贸易区"的规定，最早出现在 1947 年的《关税与贸易总协定》里面。该协定第 24 条第 8 款（b）对关税同盟和自由贸易区的概念做了专门的解释："自由贸易区应理解为在两个或两个以上独立关税主体之间，就贸易自由化取消关税和其他限制性贸易法规"。其特点是由两个或多个经济体组成集团，集团成员相互之间实质上取消关税和其他贸易限制，但又各自独立保留自己的对外贸易政策。目前，世界上已有欧盟、北美自由贸易区等 FTA，还有中国东盟自由贸易区也是典型的 FTA。

FTZ（Free Trade Zone）：源于 WCO 有关"自由区"的规定，世界海关组织制定的《京都公约》中指出："FTZ 是缔约方境内的一部分，进入这部分的任何货物，就进口关税而言，通常视为关境之外。"其特点是一个关境内的一小块区域，是单个主权国家（地区）的行为，一般需要进行围网隔离，且对境外入区货物的关税实施免税或保税，而不是降低关税。目前在许多国家境内单独建立的自由港、自由贸易区都属于这种类型，如德国汉堡自由港、巴拿马科隆自由贸易区等。

（二）中国（上海）自由贸易试验区

中国（上海）自由贸易试验区［China（Shanghai）Pilot Free Trade Zone］简称上海自贸区，是中国政府设立在上海的区域性自由贸易园区，位于浦东境内，属中国自由贸易区范畴。2013 年 9 月 29 日中国（上海）自由贸易试验区正式成立，面积为 28.78 平方公里，涵盖上海市外高桥保税区、外高桥保税物流园区、洋山保税港区和上海浦东机场综合保税区 4 个海关特殊监管区域。

2014 年底全国人大常务委员会授权国务院扩展中国（上海）自由贸易试验区区域，将面积扩展到 120.72 平方公里。扩展区域包括陆家嘴金融片区、金桥开发片区和张江高科技片区。

（三）行邮税

行邮税是行李和邮递物品进口税的简称，是海关对入境旅客行李物品和个人邮递物品征收的进口税。由于其中包含了进口环节的增值税和消费税，故也是对个人非贸易性入境物品征收的进口关税和进口工商税收的总称。课税对象包括入境旅客、运输工具、服务人员携带的应税行李物品、个人邮递物品、馈赠物品以及以其他方式入境的个人物品等。

《中华人民共和国进出口关税条例》第五十六条规定："进境物品的关税以及进口环节海关代征税合并为进口税，由海关依法征收。"行邮税的征管工作是海关征税工作的重要组成部分，也是海关贯彻国家税收政策的一个重要方面。通过征收行邮税，对一些国内外差价较大的重点商品根据不同的监管对象予以必要和适当的调控，既能有效地发挥关税的杠杆作用，又能增加国家的财政收入，为国家建设累积资金。我国行邮税税目和税率经过了多次调整，现行的行邮税税率分为50%、30%、20%、10%四个档次。

（四）负面清单

负面清单即负面清单管理模式，指一个国家在引进外资的过程中，对某些与国民待遇不符的管理措施，以清单形式公开列明，在一些实行最惠国待遇的国家，有关这方面的要求也以清单形式公开列明。这种模式的好处是让企业可以对照这个清单实行自检，对其中不符合要求的部分事先进行整改，从而提高效率。

《中国（上海）自由贸易试验区外商投资准入特别管理措施（负面清单）（2013年）》（以下简称"负面清单"），以外商投资法律法规、《中国（上海）自由贸易试验区总体方案》《外商投资产业指导目录（2011年修订）》等为依据，列明中国（上海）自由贸易试验区（以下简称"自贸试验区"）内对外商投资项目和设立外商投资企业采取的与国民待遇等不符的准入措施。负面清单按照《国民经济行业分类及代码》（2011年版）分类编制，包括18个行业门类。

二、案例背景

海淘，即海外/境外购物，就是通过互联网检索海外商品信息，并通过电子订购单发出购物请求，然后填上私人信用卡号码，由海外购物网站通过国际快递发货，或是由转运公司代收货物再转寄回国。海淘的一般付款方式是款到发货（在线信用卡付款、PayPal 账户付款、支付宝账户付款等）。

"海淘"的兴起得益于日益便捷的网络购物渠道，而国内消费者购买力的提高以及人民币国际支付能力的增强也是重要原因。在一波波兴起的海外购物热潮的背后，固然存在一些消费者对国外品牌的盲目信任和崇拜，进一步分析，其更深层次的原因还有消费者对国内产品质量的不信任，以及国外品牌国内售价居高不下的现状。

可以说，海淘行业在中国的兴盛，缘于中国海关高昂的关税和国内假货泛滥。消费者通过海淘代购，可以买到价格低廉且质量可靠的海外商品。很多国家的免税额是比较高的，比如美国的免税额就在 200 美元左右，相当于人民币 1300 元。但中国消费者从美国购买手机等产品回国，海关的免税额只有 50 元。如果这个产品按一般贸易方式进口，税会更高，一般要缴纳 17% 的增值税再加上关税。电子产品的关税大概在 10% ～ 20%，进口汽车的综合税率往往高达 100%。所以现在有不少进口产品是以海淘方式进来，这样只需要交行邮税，一般在 10% 左右。低廉的价格、可靠的品质保证（特别是母婴产品），是消费者热衷海淘的原因。

海淘发展至今，已经形成了三种路径：一是托人在国外代购；二是专门的代购网站；三是国内电商公司的海淘平台，比如京东和天猫都有这样的海淘平台。通过海淘方式进口商品难免造成关税的流失，而且海淘基本上处于无人监管的灰色区域，可谓是外贸战场上的"游击队"，海淘行业迫切需要"正规军"入局，以提升行业和市场交易的风气，提高政府监管和监督水平。

中国（上海）自由贸易试验区于 2013 年 8 月 22 日经国务院正式批准设立，于 9 月 29 日上午 10 时正式挂牌开张。作为四大中国自贸区中的"先锋"，上海自贸区有着先入为主的优势，针对跨境电商制定的政策以及提供的相应服务也相对完善，政策落实也往往比较领先。同时，上海也是目前国内七大跨境电子商务进口试点城市之一，第一个落实质检总局跨境电商负面清单管理制的自贸区。未来"海淘"货物通过上海自贸区从到港到上架的时间可压缩80%左右，上海自贸区对跨境电商的吸引力不言而喻。

除负面清单管理制度外，上海自贸区还率先创新跨境电子商务监管模式。明确电商经营主体的质量安全责任，实行全申报管理，建立责任追溯体系和先行赔付制度等。正是因为拥有规范、便利的条件，上海自贸区吸引着众多跨境电商平台尤其是"海淘正规军"的入驻。

三、案例详述

（一）亚马逊跨境业务正式落户上海自贸区

2014年8月20日，上海自贸区管委会与美国亚马逊公司签署关于开展跨境电子商务合作的备忘录，亚马逊的跨境业务正式落户上海自贸区。

上海自贸区管委会、信投公司与亚马逊三方的合作内容包括：一是建设跨境电子商务平台，为境内外客户购买亚马逊境外网站和中国网站的商品提供服务；二是建设物流仓储平台，为中国企业出口商品配送全球提供物流仓储服务，打造辐射全球贸易的物流中心；三是利用自贸实验区金融创新政策，优化亚马逊公司融资结构，合作开展跨境电子支付服务；四是利用自贸实验区先行先试的政策优势，投资设立运营主体，并将其打造成亚马逊中国的国际贸易总部。通过此项合作，中国的消费者可以实现购买并获得亚马逊全球的选品，同时通过亚马逊，国内的中小企业选品出口其他国家和地区将变得更加方便。这意味着未来"海淘族"将不用再绕道国外、借助第三方物流等途径，可以直接通过亚马逊网站购买欧美等国的商品，不仅可以享受同款同价，还可以用人民币结算。

（二）亚马逊与上海自贸区合体展开中国新"海淘"时代

"海淘亚马逊"未来主要有两种方式，一种是将整批商品入境后暂存在上海自贸区的仓库中，消费者购买后直接从自贸区寄出，通过国内快递送达消费者。这些国外商品进口时，按个人物品行邮税征税。亚马逊希望在上海自贸区设立物流仓库，享受较低的运输成本和运输时间，这将会为其网上销售提高2%的竞争力；另一种则是海外直邮，即货品直接从亚马逊的海外仓库发往国内。传统的"海淘"方式从顾客下单到最终收到商品，一般需时20天到一个月，而按亚马逊的第一种方式消费者收到货品仅需1~4天，运费也因国际运输部分采取大批量海运而大大降低；后一种方式虽然在运费上没有太大优势，但由于采取了订单无纸化申报、过关系统自动审单的通关模式，时间上会有所保障。

根据备忘录，亚马逊中国将会在自贸区内投资建立亚马逊中国国际贸易总部，与自贸区及上海信投合作推动中国跨境电子商务市场的发展，将上海打造成为全球跨境贸易的枢纽。同时，亚马逊计划在自贸区内建立物流仓储中心。亚马逊的境外选品将通过自贸区跨境电子商务平台进入中国，同时将国内优质中小企业的商品便捷地出口到境外市场。

亚马逊国际业务副总裁迭戈·皮亚琴蒂尼表示进驻上海自贸区后运输成本和交付时间将会大大缩减，这对于亚马逊而言非常重要："中国是全球最大的电子商务市场之一，有着巨大的发展潜力。2014年是亚马逊进入中国的第十个年头。对于我们来说，每天都是亚马逊的第一天，特别是在跨境电商这一全新的领域，包括进口和出口两个方面。我们期待着与上海的紧密合作，推动跨境电商业务的创新发展。希望通过今天的合作不仅能为中国的消费者、还能为全球的消费者带来最好的跨境线上购物体验，并通过合作推动上海成为跨境电子商务模式创新的典范。"

亚马逊中国总裁葛道远表示："我们致力于成为最受客户信赖的全品类网购平台，为客户提供丰富的选品，最优的价格和便捷的购物体验。作为在中国长远投资的一部分，我们在亚马逊中国十周年庆典上刚刚推出了一系列新的举措，不断为中国的消费者带来高品质的国际选品。与上海自贸区和上海信投的战略合作将会帮助我们更好地实现这一愿景。"

截至 2015 年 4 月，上海海关已监管亚马逊跨境电商直购进口订单 11.41 万票，总货值 3185 万元。除亚马逊继续扩大试点规模外，其他知名企业也慕名而来，包括像 DHL 这样的传统物流大鳄也竞相争夺自贸区的海淘市场。亚马逊试点建立以后，上海自贸区根据实践的变化发展，不断创新跨境电商监管模式，提速跨境电商通关。比如，为了提高跨境电商包裹的通关速度，已经推出"行邮税担保实时验放"模式，通过实现电子计征、担保验放、汇总征税，将跨境电商订单进口通关整体提速至"读秒"时代，下一步还将探索对跨境电商进境包裹退换货的操作规程，进一步解决境内消费者跨境海淘的后顾之忧。除了担保验放模式外，上海自贸区海关还推出"货到即时备案"模式，支持跨境电商订购商品到港后集中批量备案，切合线上消费习惯，帮助企业降低运营成本。与此同时，海关还创新"负面清单关键字商品备案审核"模式，对高、低风险商品自动筛选分流，分别实施人工审核备案和系统自动备案，大幅提升了整体备案时效。

而亚马逊在入驻上海自贸区之后，在跨境电商与自贸区相结合的道路上也是继续深入探索。2015 年 5 月 5 日，亚马逊（中国）与厦门市人民政府达成战略合作，双方将借助厦门自贸区平台，共同推动跨境电子商务业务发展。作为此次合作的首项成果，亚马逊"中国台湾馆"于当天正式上线，同步推出约 500 个台湾特色品牌的 5000 多种高质量商品。

（三）国内各方评论——两体结合是双赢还是跳板？

中国电子商务研究中心分析师张周平表示，"对于亚马逊来说，自贸区设总部是其希望借助自贸区的特殊政策，开展更加便于国内跨境电商的业务。对自贸区而言，目前在国内大力助推跨境电商发展，通过吸引亚马逊等系列企业的入驻能带来联动效应：一方面吸引更多跨境电商企业入驻，另一方面吸引更多传统外贸企业借助跨境电商平台实现转型升级。"

市场研究机构易观国际分析师林文斌表示，"亚马逊作为知名平台，会让消费者海淘得更放心，同时也将填补国内海淘领域缺乏有一定规模体系的电商平台的空白。"

业界普遍认为，亚马逊的加入确实会在海外业务方面加剧电商的竞争，这也是目前较为混乱的代购行业回归理性发展轨道的契机。同时在规范正品方面，亚马逊的加入也将带来利好。由于全部采用"正规军"，亚马逊跨境平台将力争做到所有商品源头可溯、过程可控、责任可究。这也为京东和阿里商品的品控提出了更大的挑战，无疑有助于改善目前国内电商第三方合作方面的混乱局面。

亚马逊和上海自贸区的合作及其在跨境电商上的一些创新得到了公众的认可和肯定，但是从商品种类看，支持海外直邮的商品在页面上均有明确标识，其品种在亚马逊多达 6000 万种的商品库中仅占 1%。而预先存货到自贸区的商品尽管可能摆脱这样的限制，但同样要面对国际品牌严禁不同国家代理商"串货"的问题，进一步的深化合作还在酝酿之中，公众在跨境通官方网站上，也搜索不到亚马逊作为供应商的影子。而浏览亚马逊中国网站，也几乎没看到相关信息。因此各方对跨境电商在自贸区真正落地生根，利用好自贸区平台更好地促进跨境电商的增长还存在着一些疑问。

国内知名海淘平台"蜜淘"的创始人谢文斌在分析亚马逊在国内的发展前景时，对亚马逊在自贸区的表现提出了几点质疑：

其一，现在上海自贸区的说到底是亚马逊中国而不是亚马逊美国，有多少东西能做还是个问题。

其二，自贸区现在政策复杂，几大国企占着资源，亚马逊会放多少精力和人力在上面还不好说。

其三，亚马逊是商城，有多少商家能在上面获取到流量还是个未知，而且跨境电商市场很大，不可能只有一家。

资深"海淘客"吴小羽认为，是否选择亚马逊，商品品种的多少和价格高低才是决定因素。这也正是亚马逊面对的最主要挑战。例如，同样一罐爱他美奶粉，找亲戚朋友从德国直接购买，只需要 130 元左右；在天猫国际购频道上购买，大概需要235元；在苏宁易购上购买更是高达268元；如果在淘宝上找一个代购卖家，只需要 190 元左右。从这点上看，海淘确实最大限度地给消费者节省了成本，但即使是亚马逊，目前仍很难终结个人海淘市场。况且和亚马逊销售方式类似的跨境电子商务服务商有多家。2013 年 12 月 28 日，上海自贸区正式启动了自己的"官方"海淘平台"跨境通"，目前备案和上线商家已达 32 家。因此，有分析人士认为，亚马逊入局并不会对目前国内"海淘"市场格局造成太大影响。

走秀网高级副总裁牟清认为，亚马逊进入海淘市场，对于那些做3C、数码、电子、食品和奶粉等海淘的代购卖家会有比较大的影响，因为这些领域都是亚马逊擅长的标准化产品品类，亚马逊可以通过备货到自贸区仓库的模式来降低产品价格。但对于时尚品这样非标准化的产品，备货模式难以奏效。比如服装就是季节性很强的产品，不可能大规模备货。

（四）国外主流观点——竞争目标多过发展目标，有待观望

福布斯认为，进入自贸区对亚马逊而言，其头条新闻的高频曝光意义要远远超出实质性的成功。业内人士指出，如果亚马逊无法构建一条能区分于当地传统电商的稳定供应链，那么这个外来和尚能不能念好这本经，还真是一个未知数。福布斯评论员 Russell Flannery 还给出了友情提示："想在中国赚大钱，美国行得通的在中国未必行得通，不看得远点儿，你照样也得输。"

《华尔街日报》认为，亚马逊此举是想以"正统"身份，与阿里这类国内"中介电商"划清界限，此次由其推出官方"海外购"，有助于提升亚马逊中国市场的竞争力，为其同阿里巴巴的这场"角斗"增添砝码。

路透社也刊文认为，亚马逊这次大动作不仅仅是为了巩固中国现有市场，其目标更多地还是指向阿里巴巴还有京东商城（这种观点与《华尔街日报》的看法不谋而合）。但与此同时，路透社也指出，虽然上海自贸区很多国外企业都可以直接入驻，但多数都秉持着观望态度，尚未见谁家采取大动作。

因此，如何找到跨境电商平台与自贸区的有效运营的合作机制，自贸区对跨境电商和"海淘"的发展能起到多少促进和规范作用，尚有赖于各方的共同努力，而跨境电商平台与自贸区的合作究竟是双赢还是为他人作嫁衣裳也有待进一步的考证。

四、案例思考与练习

1. 亚马逊参战"海淘"，将对整个跨境电子商务行业带来怎样的影响？

2. 亚马逊通过自贸区开展的海外直邮业务，与此前的种种"海外代购"究竟有何不同？

3. 请列举五个与亚马逊"海淘"功能类似的国内跨境电商进口平台。

4. 亚马逊与上海自贸区合作试水跨境业务的目的有哪些？

5. 上海自贸区能为跨境电商的发展发挥哪些作用？

五、参考资料

1. 中国（上海）自由贸易试验区官方网站 http://www.china-shftz.gov.cn/

2. 上海自贸区：亚马逊直购进口订单破 10 万票. 环球网（财经）http://finance.huanqiu.com/roll/2015-04/6237534.html

3. 电商在自贸区：亚马逊在上海自贸区内发展情况调查（上海自贸区微信公众号）. 2015.4.15

http://mp.weixin.qq.com/s? __biz = MjM5MDk1NDM2OA = = &mid = 20395 9903&idx = 1&sn =53c4ba4c1051d5ca893186c5bc47017c&3rd = MzA3MDU4NTYzMw = = &scene =6#rd

4. 百度百科：中国自由贸易区

http：//baike. baidu. com/link？url = QOBIEV _ 1s9gAsGGVy5PGc7xopGYeP4mIGAu6-wvstKgT0fH4rwv96melKxgKpBQ2q0eqozW238MJ-NrPjdVIMNq

5. 百度百科：行邮税

http：//baike. baidu. com/view/2070295. htm

6. 百度百科：亚马逊

http：//baike. baidu. com/subview/27780/6672342. htm

7. 百度百科：海淘

http：//baike. baidu. com/link？url = Q9Qem2S_Sxx94ZOjTIOvm0vHbiTXPjKZcLRnTt0-zHqnTp4QCupOijaB5buFjybSxewRPx6EbvKPp3dRTuZxbba

8. 百度百科：负面清单

http：//baike. baidu. com/link？url = xkFwEzl_S9BJJvWz42929surOKoEPtddQOzvAPI8M8-AFUs4gUbIAAsjOahH-oQ5BjaD10Cr1q9XmlRqrs9Lu7E _ TVJ1zO-Hg3DL _ xttolaycql9kfYPEXr-R5tFuRN9QVbU9NTGX2PeZ-e3rkikRZyFjsxEKX6MePYAWu83RC3vVjt0Y2B42KAzs7qv3rfHoUa

9. 亚马逊入驻上海自贸区国外媒体他们怎么看？搜狐 IT. 2014 年 8 月 21 日 http：//it. sohu. com/20140821/n403651775. shtml

10. 亚马逊落户上海自贸区美国货可直邮中国. 第一财经日报. 2014. 8. 21

http：//tech. ifeng. com/internet/detail_2014_08/21/38426442_0. shtml

11. 亚马逊进驻上海自贸区 "海淘" 前景趋于明朗. 中国经济网 2014. 8. 26

http：//www. ce. cn/xwzx/gnsz/gdxw/201408/26/t20140826_3422596. shtml

12. 亚马逊落户上海自贸区加码跨境电商业务. 2014. 8. 21

http：//www. nbd. com. cn/articles/2014-08-21/857680. html

13. 亚马逊联手上海自贸区

14. "正规军" 与 "游击队" 角逐跨境生意. 南方周末. 2014. 8. 29

http：//www. infzm. com/content/103614

15. 亚马逊进驻上海自贸区京东阿里何去何从？中国金融信息网. 2014. 8. 22http：//news. xinhua08. com/a/20140822/1374371. shtml

案例 14 福建自贸区携手阿里聚划算"直通台湾"

一、案例小百科

(一) 聚划算

聚划算是阿里巴巴集团旗下的团购网站,淘宝聚划算是淘宝网的二级域名,正式启用时间是在 2010 年 9 月。依托淘宝网巨大的消费群体,2011 年淘宝聚划算启用聚划算顶级域名,官方数据显示其成交金额达 100 亿元,帮助千万网友节省超过 110 亿元,已经成为展现淘宝卖家服务的互联网消费者首选团购平台,确立其国内最大团购网站地位。

2015 年 6 月,聚划算平台和天猫国际联合宣布开启"地球村"模式,美国、英国、澳大利亚等 11 个国家馆在天猫国际亮相。国家馆项目在阿里集团内部酝酿已久,阿里集团曾与世界多个国家签订一系列合作备忘录,自 2015 年 6 月起开始在中国零售平台批量落地。如今,包括美英在内的多个国家正成为当地中小企业及特色商品进入中国市场的最佳推介方,而阿里则通过天猫、聚划算等平台,为中国消费者提供更丰富的全球原产地直供商品。

(二) 海峡两岸经济合作框架协议 (ECFA)

海峡两岸经济合作框架协议 (Economic Cooperation Framework Agreement,简称 ECFA;台湾繁体版本称为"海峡两岸经济合作架构协议"),原称为"两岸综合性经济合作协定"或称"两岸综合经济合作协定"(简称 CECA,即 Comprehensive Economic Cooperation Agreement)。

2010 年 1 月 26 日,ECFA 第一次两会专家工作商谈在北京举行。2010 年 6 月 29 日,两岸两会领导人签订合作协议。2010 年 8 月 17 日,台湾通过了《海峡两岸经济合作框架协议》,实质上它是两个经济体之间的自由贸易协定谈判的初步框架安排，同时又包含若干早期收获协议。

按照 ECFA 协议，2011 年 1 月 1 日起两岸全面实施货物贸易与服务贸易早期收获计划，大陆方面对台降税产品达 539 项，包括农产品、化工产品、机械产品、电子产品、汽车零部件、纺织产品、轻工产品、冶金产品、仪器仪表以及医疗产品共十类。大陆出口到台湾的 267 种货物也可享受关税减免进入台湾市场，主要涉及矿产品、化工产品、塑料、橡胶及其制品、纺织原料、玻璃制品、机械产品、杂项制品等。大陆出口到台湾的 267 种货物，凭各地出入境检验检疫机构签发的《海峡两岸经济合作框架协议原产地证书》（简称"ECFA 证书"），可以享受关税减免待遇进入台湾市场。所有清单内产品将逐步降低关税，并在 3 年内全部降为零。

（三）直接运输规则

直接运输规则是指在普惠制与特惠税规定中，受惠国的出口商必须把取得优惠资格的商品直接运到给惠国，而不得在中途转卖或进行实质性的加工。但由于地理上的原因或运输上的困难，在出口商发货时，给惠国已得知其最终目的地为该给惠国的情况下，可以通过第三国境转运，但商品在过境时必须置于过境国海关的监督之下，且不得进入第三国市场。

二、案例背景

台湾与福建一水之隔，有着相同的文化起源、地方语言、传统风俗和生活习惯，一直以来都保持着紧密的贸易往来。近年来，随着中国跨境电商的兴起，两岸跨境电子商务也蓬勃发展起来。以厦门为例，2013 年厦门海关监管从台湾进口快件 9.4 万件，出口台湾 4.7 万件；通过邮件形式从台湾进口达 110 余万件，出口台湾达 46 万余件。2014 年随着厦台海运快件、海运邮件通路的开启，往来厦台两岸的快件、邮件量呈现飞速发展态势。据预测，未来福建仅电子商务一年至少有 250 亿元人民币的对台贸易量，加之海空联运和业务聚集效应，闽台跨境贸易电子商务的发展前景广阔。随着福建跨境电商新型通关模式的启动，将进一步释放两岸跨境贸易电子商务便利化红利，为两岸经贸合作、物流中转集散开启新的可能。

中国（福建）自由贸易试验区〔China（Fujian）Pilot Free Trade Zone〕的挂牌成立更成了促进对台跨境电商发展的重要契机。

2014年12月31日，国务院正式批复设立中国（福建）自由贸易试验区，这是大陆境内继上海自贸试验区之后的第二批自贸试验区之一。中国（福建）自由贸易试验区总面积118.04平方公里，包括平潭、厦门、福州三个片区。其中平潭片区43平方公里，厦门片区43.78平方公里，福州片区31.26平方公里。平潭片区重点建设两岸共同家园和国际旅游岛，在投资贸易和资金人员往来方面实施更加自由便利的措施。厦门片区重点发展两岸新兴产业和现代服务业合作示范区、东南国际航运中心、两岸区域性金融服务中心和两岸贸易中心。福州片区重点建设先进制造业基地、21世纪海上丝绸之路沿线国家和地区交流合作的重要平台、两岸服务贸易与金融创新合作示范区。

福建自贸试验区立足于深化两岸经济合作。结合国家战略和福建特点，深化对台经济合作，力求充分发挥福建对台优势，率先推动闽台之间投资贸易自由化和资金人员往来便利化进程，与现有的上海自贸试验区形成互补试验、对比试验。

相对于上海、广东等城市而言，福建跨境电商产业还处于发展的初级阶段。但福建自贸区具有无以比拟的对台优势，对台跨境电商被各方所看好。

2015年6月，福建省政府发布了第二批福建自贸试验片区27项创新举措，涉及跨境电商、通关便利化等多个方面，其中有8项举措是全国首创。与跨境电商有关的主要有开展对台海运快件业务、建立对台原产地证书核查机制、简化CEPA及ECFA原产地证书提交需求、放宽直接运输判定标准。在检验检疫方面，还有三项全国首创的创新举措，分别是：创新跨境电子商务高效便捷监管模式，台湾渔船自捕水产品申报时免予提供台湾主管部门出具的卫生证书，对中国—东盟水产品交易所进境水产品采取"统一申报、集中查验、分批核放"模式。自贸区的这些新规将大大便利福建自贸区跨境电商经营企业发展对台跨境电商业务。

三、案例详述

台湾的水果，挂在树上就可以预售；农产品早上采摘，下午就可以通关到达；身处内地也可以享受像台湾长庚等知名医院那样的医疗设备……这些方便快捷的消费场景已经不再只是想象。2015 年 7 月 15 日，阿里巴巴集团旗下聚划算与福建自贸试验区全面启动战略合作，双方宣布深化在跨境电商方面的联动，特别是将在对台进口贸易方面加强合作。这意味着，更多来自台湾的商品乃至旅游、医疗、金融等服务，将更加快速而便利地触达内地消费者。

根据双方合作协议，福建自贸试验区将推动驻地商家在聚划算等阿里电商平台上展开新产品和服务的首发。福建自贸试验区也表示欢迎阿里巴巴推荐成熟优质的商家入驻，并给予商家免场租等优惠政策的扶持。聚划算联手福建自贸试验区，同期发起"直通台湾"线上活动，在 2015 年 7 月 15 日到 17 日间，除了抢购金钻凤梨、爱文芒等台湾特色水果之外，由福建平潭出发、2 小时速达台北的高速客轮，将以 199 元往返的价格在聚划算平台实现线上首发。此外，台湾长庚医院厦门分院，也向线上消费者全面开放，以 300 元的优惠价格为大陆消费者提供全套 60 多项体检内容。

（一）福建自贸区缘何牵手阿里聚划算

目前福建自贸区内多数商家并没有设置网上购物平台，只有在实体店内才能买到该店相关产品。很多商家没有电商经营经验，自己做电商需要有专门的人员去经营，技术上和经验上都欠缺。此次聚划算与自贸试验区的密切合作，承诺将为福州自贸区的这些商家提供电商服务支持，加速自贸试验区发力跨境电商。自贸试验区模式作为推动中国跨境贸易的新生力量，一直在积极探索创新模式。福建自贸区内福州、平潭新近成为跨境电商保税进口试点城市，这两地开展跨境电商业务可以享受包括"保税进、行邮出"在内的巨大政策优势。此次福建自贸试验区和阿里电商平台嫁接在一起，将会产生"双推进器"的强大动力，有效激发改革活力，创造财富红利。

在与阿里巴巴合作的带动下，福建自贸区持续地在吸引更多其他优质跨境电商平台、商家、优质渠道入驻。随着营商环境的不断优化，福建自贸区自挂牌至2015年6月底，已累计新设立企业2884家。苏宁易购与平潭自贸区签下了框架协议，京东商城则计划在福州投资10亿元建设占地60亩的东南区域总部和300亩的现代服务产业园区。美团网准备在厦门投资6500万美元，设立研发运营中心。中免集团入驻平潭自贸区。在对台小额贸易方面，大陆已给予台湾粮油食品、土产畜产、纺织服装等六大类商品每人每天6000元免税额度政策，将来有望成为大陆购买台湾商品的集散地。而福州、厦门、平潭等地陆续建起海外商品展示中心，则是对跨境电商的全面升级。以福州片区为例，福州自贸区跨境电子商务产业中心总建筑面积4.2万平方米，已吸引台湾体验馆、东南亚区、日韩区、美国COSTCO公司馆、必喜法国馆等陆续入驻。

（二）阿里聚划算缘何情定福建自贸区

目前阿里在国内市场占有率已经超过了80%，在逐渐触达天花板之际，想要维持过往的高增幅变得越来越困难，因此出海势在必行，阿里需要能够平衡自身发展的全球市场。"阿里的国际化分了几步。首先立足中国，中国是全球大市场，未来中国肯定成为全球最大的消费市场。因此把国外的货物带进中国，其实也是国际化的过程，让国际货物跟中国本地的消费者产生连接，跟本地的市场发生关系，就是阿里国际化的第一步。"

阿里的目标是在未来十年内服务全球20亿消费者，跨境电商将是阿里巴巴全球化的必经之路。聚划算每天1500万的访问量，加上碎片化、限时性、量贩式优惠的优势，就像一把尖刀，拥有足够的渠道爆发力。目前聚划算将其聚焦在进口层面，以消费为驱动力，因此与具备对台优势的福建自贸区开展合作，通过阿里平台提供"直通台湾"的旅游、医疗等服务，能帮助阿里提前布局对外跨境电商市场，取得占领份额的先机。

聚划算做的是营销输出，因此更偏重于价格优惠。目前聚划算已开通与7地的合作，包括上海、杭州、宁波、广州、重庆、天津、郑州的货物邮寄均可享受税务优惠。聚划算在经营台湾进口商品时要取得价格优势，一定要凭借福建自贸区这个以对台贸易为特色的自贸区，加上"保税进、行邮出"的自贸区天然优势，必将在进口台湾商品上取得无与伦比的价格优势。福建与台湾一水之隔的天然地理优势，为台湾商品直邮提供了时效上的保证。福建自贸区在建设的时候，出台了多个关于生鲜产品快速通关检验的创新性政策，又为聚划算上直邮台湾新鲜蔬果提供了政策保障。因此，福建自贸区是阿里聚划算选择合作的最佳对象。

事实上，此次聚划算与自贸区的合作并不是阿里瞄准福建自贸区的第一个动作。早在2015年1月，阿里巴巴已与福建省商务厅就"共建闽商外贸诚信体系"暨"福建一达通"签约，福建成为继深圳一达通总部和杭州阿里集团总部之外第三个外贸综合服务平台的落户地。通过一达通，福建外贸中小企业每通过该平台出口1美元可获得3分钱补贴及1元人民币无抵押无担保信用贷款，以及出口代理服务、信用保障体系等。一达通落户福建，也是想乘着福建自贸区建设的东风，通过该平台放大、扩散福建自贸区政策优势。

2015年5月11日，阿里巴巴集团与福建省政府在福州举行福建自贸区县域电子商务峰会，阿里巴巴的大当家马云放出豪言："福建若与台湾完成对接，完全可以与走深圳、香港的通路抗衡！""在福建做电商，要赚全球的钱！"

四、案例思考与练习

1. 试分析阿里巴巴旗下聚划算、天猫、天猫国际几个品牌的联系与区别。

2.　试将福建自贸区发展对台跨境电商做 SWOT 分析。

3.　福建自贸区内的电商企业经营哪些台湾进口商品更有优势？

4.　在跨境电商扶持政策上，福建自贸区与上海自贸区、广东自贸区、天津自贸区的区别是什么？

五、参考资料

1.　阿里加码跨境电商聚划算与福建自贸区启动战略合作．中国新闻网．2015.7.16

http：//firm. workercn. cn/497/201507/16/150716110056944. shtml

2.　福建自贸区与阿里巴巴合作深化对台电商业务．新华网．2015.7.16

http：//www. fj. xinhuanet. com/xhs/2015-07/17/c_1115955458. htm

3.　百度百科 ECFA

http：//baike. baidu. com/view/3211720. htm？ fromtitle = ECFA&fromid =2279583&type = syn

4.　百度百科 ECFA 原产地优惠证

http：//baike. baidu. com/subview/13214340/13749827. htm

5.　阿里巴巴入闽 马云：福建自贸区电商要赚全球的钱！福建自贸区指南网.

2015.5.17　http：//fz. lanfw. com/2015/0511/274038. html

6.　阿里巴巴一达通正式落户福建奔自贸区而来．2015.1.26

http：//house. fqlook. cn/mtjj/2015-01-27/150157. html

7.　阿里巴巴集团牵手福建自贸区全面启动与20国合作．海峡都市报．2015.5.26

http：//fj. winshang. com/news-494138. html

8.　"外星人"马云预言：福建自贸区电商要赚全球的钱．搜狐网．2015.5.18.

http：//mt. sohu. com/20150518/n413255721. shtml

9.　福建自贸区拟实施行邮税　通过跨境电商"海淘"．福州晚报．2015.5.3

http：//news. fznews. com. cn/fuzhou/20150503/55456ca5ee6ed. shtml

10.　四大自贸区跨境电商扶持政策福建好在哪．中国商报．2015.7.6

http：//www. hmglog. com/ftz/3663. html

第八辑　跨境电商进口

案例15　强势进口平台——天猫国际与亚马逊海淘

一、案例小百科

（一）保税区

保税区是经国务院批准设立，由海关实施特殊监管的经济区域，是目前我国开放度和自由度最大的经济区域。保税区主要功能是"转口贸易、出口加工、保税仓储"。1990年6月以来，经国务院批准设立的保税区共15个，分别为：上海外高桥、天津塘沽、大连、青岛、张家港、宁波、广州、汕头、深圳沙头角、深圳福田、深圳盐田、珠海、厦门象屿、福州、海口保税区。保税区内企业与境外企业可以自由从事贸易活动；保税区内企业与区外（系指保税区以外中国境内的其他地区）的国内企业从事一切贸易和商业活动均视为外贸业务。

（二）保税进口模式

保税进口模式是电商企业以货物申报进入海关特殊监管区域或保税场所，境内消费者网上交易后，区内货物以物品逐批分拨配送，按物品缴纳税费和监管的一种跨境电商进口模式。这种模式是先从境外发货再下单，即利用大数据分析针对热卖的商品提前备货，集中到国内的保税区。订单生成后，直接从保税仓清关发货，时效上更逼近或者等同于国内购物。

（三）关境

关境是指适用于同一海关法或实行同一关税制度的领域。在一般情况下，关境的范围等于国境，但对于关税同盟的签署国来说，其成员国之间货物进出国境不征收关税，只对来自和运往非同盟国的货物在进出共同关境时征收关税，因而对于每个成员国来说，其关境大于国境，如欧盟。若在国内设立自由港、自由贸易区等特定区域，进出这些特定区域的货物都是免税的。我国的关境范围是除享有单独关境地位的地区以外的中华人民共和国的全部领域，包括领水、领土和领空。香港、澳门和台、澎、金、马属于单独关境区。本章所称的"进出境"除特指外均指进出我国关境。

（四）物品

根据《海关法》的规定，个人携带进出境的行李物品、邮寄进出境的物品，应当以自用合理数量为限。自用合理数量，是区分进出境货物与物品的主要依据。所谓自用合理数量，就行李物品而言，"自用"指的是进出境旅客本人自用、馈赠亲友而非为出售或出租，即不以营利为目的，"合理数量"是指海关根据进出境旅客旅行目的和居留时间所规定的正常数量；就邮递物品而言，则指的是海关对进出境邮递物品规定的征、免税限制。

二、案例背景

阿里巴巴旗下有四个跨境电商进口平台，覆盖海外代购、直发/直运平台①、导购返利平台、海外商品闪购②以及跨境进口 B2B 等跨境电商进口模

---

① 直发/直运平台模式又被称为 drop shipping 模式。在这一模式下，电商平台通常不需要商品库存，而是把接收到的消费者订单信息发给批发商或厂商，后者按照订单信息以零售的形式对消费者发送货物。

② 海外商品闪购模式是一种以互联网为媒介的 B2C 电子零售交易活动，它以限时特卖的形式，定期定时推出国际知名品牌的商品，一般以原价 1~5 折的价格供专属会员限时抢购，每次特卖时间持续 5~10 天不等，先到先买，限时限量，售完即止。

式，包括淘宝全球购、天猫国际、一淘网和阿里巴巴1688。淘宝全球购的商户主要是一些中小代购商，天猫国际则引进数千个海外品牌。值得一提的是，天猫国际要求入驻商家必须要有海外零售资质，全部商品海外直邮，并且提供本地退换货服务。一淘网则推出海淘导购资讯业务，通过整合国际物流和支付链，为国内消费者提供一站式海淘服务。阿里巴巴旗下网站1688.com于2015年上线全球货源平台，将1688打造成全球进口分销平台，并利用物流支持和数据流服务做到进口商品可追溯保真。1688平台拥有1.2亿的全球B类用户，每天产生1.5亿次在线浏览；超过1000万家企业开通公司商铺，覆盖服装、家居、工业品等行业。相比目前传统的进口模式，通过1688商家从1688全球货源平台进货，成本可降低20%～40%，时间可节省15～60天。阿里巴巴1688成为跨境进口战略的重要环节。

亚马逊2004年进入中国，参与中国电商环境已十余年。亚马逊在全球建有14个站点，站点和物流覆盖185个国家2.85亿优质用户。亚马逊在全球有109个运营中心，其中中国有13个，已实现1400多个城市区县当日达或次日达。中国消费者国外网站海淘订单，70%是在亚马逊及其旗下网站。亚马逊中国于2014年推出"海外购"；2015年3月入驻天猫开卖国际直采商品；2015年4月亚马逊海外购移动端APP应用发布；2015年7月底，亚马逊给中国卖家开绿色通道。通过跨境通平台，亚马逊将消费者引导到美国亚马逊网站，专门针对中国消费者开通入口，用中文显示商品，并用人民币标注价格。亚马逊中国将联合300家国际品牌合作促销，覆盖亚马逊美国、德国、西班牙、法国、英国和意大利六大海外站点，SKU（单品）达到8000万种，包括鞋靴、服饰、母婴、营养健康及个人护理等产品，可谓"一网买遍六国"。

阿里巴巴与亚马逊在各自的主战场——中国和美国各处于领先地位，竞争的最大压力并非来自对方，阿里巴巴在中国的对手是京东，亚马逊在美国的竞争对手是 eBay 们。阿里与亚马逊几乎同一时间切入了海淘这个市场，在经历了一系列决策和战略布局后开始了正面较量。浅层次的理解是双方在增长迅速、渐成气候的跨境电商市场展开的一系列直接竞争，而深层次的理解其实是双方在进行哪家的模式和生态更具实力和潜力的终极博弈。

三、案例详述

商业之竞争，本质上都是效率高低和规模大小的竞赛，在电商领域更是如此。亚马逊的效率来自于优化管理。亚马逊在全球的不同国家和地区开设了线上"连锁店"，并依靠自己建设的物流体系，来提高效率节省成本。亚马逊在亚洲、北美、欧洲和大洋洲拥有 13 个语种的网站，已形成了线上丝绸之路。线下覆盖 65 个国家的 112 个运营中心和遍布全球的物流体系，提供全球配送，构成了一个连接亚美欧的物流大陆桥。对于进口跨境的集货模式，亚马逊中国采取海外直邮和保税两种方式。2014 年 8 月，亚马逊与中国（上海）自由贸易试验区、上海市信息投资股份有限公司签署谅解合作备忘录，三方将在自贸区内合作开展跨境电子商务业务，并在自贸区内建立跨境电子商务平台；同时，亚马逊计划在自贸区内建立物流仓储中心。亚马逊海外直邮、海外购的共同理念是帮助消费者简化"海淘"购物流程，让消费者尽可能地以本地化的购买和支付方式，直接选购海外商品。

亚马逊在消费者购物环节会预先代收关税，执行"多退少不补"的政策，即清关费用低于预付费用，多余款项将直接退还到消费者账户中；如果清关费用高于预付费用，不再需要消费者额外补充。美国亚马逊提供三种物流服务，实现"9 ~ 15 天，最快 3 个工作日"的快捷配送服务。亚马逊中国通过跟顺丰等物流企业合作，大幅降低了直邮物流价格，并在时效上也有所加强，从消费者下单至收到商品耗时 7 ~ 10 天。而在保税进口方面，亚马逊将在上海自贸区自建仓储中心备货，一旦有订单产生，可直接从上海发货，时效与国内网购相当。高效的物流服务离不开其深厚的物流根基和强大的供应链管理能力。

阿里围绕电商生态的支付、物流、仓储、配送以及 IT 系统逐步完善之后，可大大提高其效率。阿里巴巴跨境网购的物流解决方案依托于旗下菜鸟网络。菜鸟网络是个物流平台整合方，通过与中国邮政、新加坡邮政等国家级成员陆续开展战略合作，菜鸟网络打通了万国邮联这个世界上分布最广的传递网络资源体系，保证货物可以通达全球 220 多个国家。此外，菜鸟网络平台还聚合了大量优质的全球化物流服务商合作伙伴资源，包括俄速通、燕文物流、申通国际、ITELLA、顺丰（海外）、中通、圆通、4PX、乐趣购、酷悠悠、大韩通运等。这些服务商通过与菜鸟网络平台的对接，可以在保障全球物流覆盖的基础上，提供地区专线物流服务。

阿里巴巴在进口购物方面采取海外直邮、集货直邮、保税三种模式，目前保税模式最受欢迎。通过与政府的合作，阿里采取跟海关平台打通的保税模式，将来自天猫国际的交易订单、来自支付宝的支付单信息以及菜鸟本身提供的物流单信息一起向海关申报，海关系统经过三单信息比对后完成最终的个人物品清关放行。阿里的信息流、支付流、物流三流合一对接海关平台后，海关可以实现阳光化、透明化、有规划的监管，可以说是一种协作模式创新。而且这样的方式通关速度也比较快，货物最快时 1 ~ 3 天就可送到消费者手中。

与阿里相比，亚马逊的运营系统非常先进，与供应商有着多年成熟、稳定、深厚的合作关系，因此在商品品类等方面有着不可比拟的优势。但其优化管理始终会存在"管理半径"，只能在特定范围内有效；从企业自身的角度而言，阿里的商业运营效率要比亚马逊更为节约成本。

阿里和亚马逊虽然可以在效率高低方面进行比较，但阿里与亚马逊最大的不同在于盈利模式。亚马逊可以定义为 B2C 自营电商，阿里则是非自营电商，甚至阿里 CEO 张勇也说阿里不是电商是数据平台。二者实际上构建了不同的商业文明和生态：亚马逊强调集权和控制，从商品到物流，几乎全部自己来做，不能做的再与人合作，并且要求每一个合作环节都共享利益；阿里则注重分工与合作，从商品到物流，全都依靠别人，与商家合作伙伴分享利益，但控制了用户、资金以及物流背后的大数据。

亚马逊的营收主要来自于消费者和少数商家的利益分红，此外还通过一系列围绕会员服务的衍生互联网业务来实现营收，是典型的 B2C；阿里则是典型的 B2B，主要赚取商家的交易佣金和广告、技术等服务费用，并围绕用户规模和大数据进行移动支付和互联网金融等商业基础业务来实现盈利。阿里没有详解价格策略，只表示天猫国际就是要解决海淘的阳光化、透明化，通过直接引进品牌方和品牌渠道商来保障产品安全和价格优势。亚马逊则表示在具体价格上，消费者在选购海外直邮商品时，除了产品本身的售价以外，仅需支付快递和关税费用；且在海外购选购商品时，所有商品均与亚马逊美国保持同质同价，让中国消费者享受无价差无代购费的海淘购物体验。同时，亚马逊还联合众多厂商和合作伙伴举行多种促销活动，进一步降低消费者的购物成本。亚马逊基于满足消费者购物需求建立了一个提供商品、内容和服务的封闭式商业运营平台，而阿里则基于如何为消费者提供生活服务建立了打造商家、服务商和基础设施生态的一个开放式商业协同平台。这也决定了二者未来的企业属性和发展边界必定截然不同。亚马逊可能永远是一家提供多元消费服务的电商公司，而阿里则可能成为连接基础服务的互联网公司。

四、案例思考与练习

1. 试比较天猫国际和亚马逊的进口跨境电商业务在平台、集货模式、物流及价格等方面的特点。

2. 试讨论天猫国际和亚马逊的进口跨境电商盈利模式哪种你更为看好？

五、参考资料

［1］李鹏博．揭秘跨境电商［M］．电子工业出版社，2015.

［2］翁晋阳，Mark，管鹏，文丹枫．再战跨境电商——颠覆性商业时代下的"野蛮探路者"［M］．人民邮电出版社，2015.

［3］亿邦动力网，亚马逊中国开通保税进口 http：//www.ebrun.com/20150813/144706.shtml

案例 16　新晋海淘平台——洋码头与蜜淘

一、案例小百科

（一）C2C

C2C 即 Consumer To Consumer，是个人与个人之间的电子商务。在跨境电子商务行业常指海外代购模式，也就是消费者熟知的跨国网购概念，简单地说，身在关境外的个人代有需求的境内消费者在境外采购所需商品并通过跨国物流将商品送达消费者手中的模式。

（二）M2C

M2C 即 Manufacturers to Consumer，是生产厂家与消费者之间的电子商务。生产厂家通过网络平台发布该企业的产品或者服务，消费者通过支付费用来购买。它是生产厂家直接对消费者提供产品或服务的一种商业模式，特点是生产厂商直接面对客户，不存在中间商，流通环节减少，销售成本降低，最大额度地让利消费者。

二、案例背景

洋码头是一家面向中国消费者的跨境电子商务第三方交易平台，主要定位在进口电商平台。创始人曾碧波于 2009 年 10 月创立洋码头，2010 年获天使湾创投的天使投资，2011 年先行搭建纽约、旧金山、洛杉矶、休斯敦海外四大物流中心。同年 6 月，海外购物平台洋码头上线。2013 年 7 月洋码头海外扫货神器 APP 上线。2013 年 A 轮获得赛富基金 900 万美元的融资。2015 年 1 月，完成 B 轮 1 亿美元融资，领投方为上海国际集团旗下赛领国际基金。洋码头的卖家可以分为两类，一类是个人买手，模式是 C2C；另一类是商户，模式是 M2C。洋码头的商品由海外零售商通过国际物流配送到手，商品涵盖母婴用品、食品保健、生活家居、服饰箱包、美容护肤等两万多个海外知名品牌。

蜜淘是一家海淘品牌限时特卖的网站，由谢文斌创办于 2013 年 10 月。2014 年 7 月蜜淘获得经纬 500 万美元 A 轮融资，之后 B 轮获祥峰投资领投 3000 万美元融资。蜜淘以海淘品牌单品团、品类团和品牌团的限时特卖模式闻名，本质上是一家海外品牌垂直购物的 B2C 公司，商品主要聚焦在母婴、美妆领域。

三、案例详述

洋码头帮助国外的零售产业与中国消费者对接，即海外零售商直销给中国消费者，中国消费者直购，通过中间物流直邮，实现了三个直——直销、直购、直邮。洋码头创始人曾碧波在创立洋码头之前，有过在 eBay 易趣工作的经历，在海外供应商和业务流程方面有一定的沉淀。洋码头着力发展跨境电商的供应链优化，由于具备"转运公司"的出身背景，且已入驻杭州保税区，能够在物流等方面为跨境电商提供资源，洋码头选择了自建国际物流系统。洋码头本身缺乏电商运营的经验，所以选择了类似于天猫国际的纯平台运营模式。尽管是跨境电商的先行者，但相比于亚马逊和天猫国际，洋码头没有资金和流量上的优势，要想在夹缝中崛起的话，必须在海外供应商、产品体验、用户体验以及物流方面下足工夫。

基于此，首先在货源方面，洋码头有两万个海外零售商、有资质的买手团队分布于美欧、澳洲、日韩等二十多个国家和地区。洋码头在招商上倾向于选择长期在海外做中国贸易的商家，原因是他们更懂中国消费者的需求。洋码头平台上的两万多名买手与数千商家，都经历了严格的认证标准审核。洋码头强化商家溯源管理，增强了货源监管力度，从源头保证货源渠道纯正。

洋码头最大的特色是其独具特点的买手模式，通过个人与个人的直接对接，可以实现在全球范围内进行扫货。买手可以根据消费者的要求，满足消费者碎片化、多元化的购买需求，在非标货品上独具优势。部分个人买手拥有粉丝团、粉丝特卖、粉丝专享等不同类型的个人买卖，自成生态，不需要洋码头过多干涉。通过洋码头的扫货神器 APP，业已认证的海外买手能够直播海外各大商场、卖场、Outlets 的扫货实况，而用户则可以在直播中找到喜欢的商品后点击购买。收到货品并点击确认后，用户可以在晒单频道晒单。在这样的模式下，粉丝和买手之间信任度较高，已经产生交互的场景，黏性较强。创始人曾碧波宣称，只有平台模式才能最大化、持续性地吸引卖家、并丰富货源，最终达到跨境购物全品类的目标。数万名个人卖家和数千家商户的进驻，已经使得洋码头在平台方面形成了聚集效应。

其次，在配送速度方面，洋码头建立了独立的跨境物流体系贝海物流，推出升级版快速配送。洋码头除了较少比重的保税发货，其主要渠道仍在于海外购买、海外直邮。其中的原因，一部分在于对"洋货"的坚持，另一部分也在于保税和海关政策的不明朗，不利于形成长期稳定的供应链。洋码头先从海外仓做起，海外仓除了具备订货周期快的特点之外，在库存成本和风险方面也具有优势。与平台经营模式类似，洋码头物流仓储品牌贝海国际的设计初衷也是开放和共享。截至目前，洋码头在海外已建成 11 个大型国际物流中心，分别位于纽约、旧金山、洛杉矶、墨尔本、法兰克福、东京、伦敦、悉尼、巴黎等 11 个城市，并与多家国际航空公司合作，包机运输，每周近 40 多个全球班次，大幅缩短了购物周期。洋码头的物流覆盖货源地，可以直接快速配送。

最后，在用户体验方面，除了前述贝海物流海外直邮可确保商品从海外到国内各运输段的"封闭性"，整个过程不会被拆包调包，合法合规清关，全程状态可实时查询，以提高境外物流的效率和安全性外，洋码头重点开展了三方面的建设：第一，商品溯源方面，洋码头从商品的源头开始追溯，确保是海外货源。目前由第三方通过洋码头的物流信息化系统提供给消费者，消费者在海外购物的整个过程中都能对货物的状态清清楚楚。第二，启用本土客服。跨境电商的卖家在国外，买家在国内，沟通上会有很多问题，包括时差、语言等。洋码头把客服服务前置，让有疑问的消费者首先能联系到中文客服，降低由于卖家不能及时回复带来的不安全感。第三，本土退货。物流查询、商品退换等售后问题的解决是整个购物体验的最后一道门槛。洋码头要求入驻的海外商家必须允许消费者在中国退货，而不是退到海外。洋码头在中国建立了一个退货服务中心，专门收集中国消费者的退货。为了支持本土退货，洋码头在海外采集大量信息，以保证退回来的货品就是当时从海外寄过来的商品。目前，洋码头 B2C 的商品大部分都已提供无条件退货。

相比洋码头的平台模式，蜜淘是国内起步较早的自营跨境电商平台。蜜淘从成立到现在，也才两年不到的时间，在这么短的时间内，蜜淘却经历了两次转型。蜜淘的前身是 CN 海淘，CN 海淘模式很轻，是典型的一站式海淘代购模式。网站通过技术将国外电商平台的商品抓取，再编辑成中文展现给消费者，同时将转运公司、第三方支付等服务集成在后台，为消费者提供一个全中文的本地化购物体验。在这种模式下，消费者海淘时不需要懂外语，不需要持有双币卡，也不需要找转运公司。对于网站来说，不需要储备任何库存。这个模式持续了 5 个月，客户端激活用户便达 50 万，累计递送包裹 8

万个，月交易流水破 800 万元，"轻模式"让蜜淘取得了阶段性的成功。然而，"轻模式"下商品价格透明，利润薄，几乎就挣个代购服务费；所有商品从海外直邮入境，物流周期长，客户体验差。

2014 年 7 月，蜜淘宣布推出限时特卖服务，一方面继续此前的一站式代购业务，另一方面投入更多的精力到上游供应链，以推出更多的特卖商品。在前期海淘经历了海外代购 60% 退单率的重创后，蜜淘转型成为今天主打品牌限时特卖的海外购物网站，这是蜜淘的第一次转型。很明显，蜜淘欲成为海淘版唯品会。与代购业务相比，自营模式较"重"，这体现在三块：第一是采购选品，蜜淘需要组建采购部门，挖掘海外的优秀商品。第二是物流仓储。蜜淘需要备货，租用或者自建仓库，并尽可能做到高效的库存管控。第三是资金周转。特卖模式下库存占据大量资金，这对蜜淘的资金周转提出了很大的挑战。基于以上三点，蜜淘组建了自己的采购团队，尝试引进海外品牌，通过特卖方式销售给国内消费者。在产品形态上，蜜淘网已经形成了两条业务线，一是针对全品类长尾需求的海淘代购，二是针对热卖品类的海外品牌限时特卖。经过一年多时间的积累，蜜淘在品类拓展上成绩突出，商品品类丰富。蜜淘全球购上的所有商品均为平台从海外直接采购，从源头上保证了商品质量和价格优势，在购物体验、时效、价钱等方面都由蜜淘统一提供服务，避免了消费可能出现的各种问题。一些起步较晚的跨境电商平台，如网易的考拉海购等，虽然同样采取自营模式，但因为目前尚处于发展初期，对蜜淘而言尚未构成明显威胁。蜜淘将品类聚焦到母婴、美妆两个领域，以女性消费群体为主，可减少对商品库存的压力。品牌限时特卖像在做跨境电商版的唯品会，闪购模式和女性受众的选择是跨境电商不错的切入点，但未来能不能做出个跨境电商版唯品会，要看能否形成高复购率，直接考验蜜淘海外品牌、品质的保障。

在物流仓储方面，蜜淘在国内通过自建保税仓和跨境物流体系的方式，实现商品快速出仓，在物流体验上抢占优势。蜜淘在郑州斥巨资搭建的 1 万平方米的保税仓，与广州保税区的直连合作，保税区备货直发，大幅缩短了运送时间。京东在国内的物流建设十分出色，但在全球购业务上还没有建成自己的保税仓和跨境物流体系，海外直邮至少需要 5～20 天，而蜜淘采取自建保税仓方式，实现了所有环节的自主操作，可保证商品快速出仓。跨境物流的关键在于保税仓，主要看分拣、打包、报关、清关的速度，这也是目前蜜淘在与巨头竞争时的底气所在。

自营模式的优势不仅体现在对供应链的把控能力上，还体现在定价的自主灵活上。通过对市场和对手的分析适时做出价格调整，是蜜淘的优势所在。比如，在平日售价上蜜淘平台商品整体价格比京东低一些，但优势并不明显，而 6.18 京东店庆期间蜜淘适时将价格做出调整，其冲击效果则显著得多。在资金方面，尽管蜜淘陆续获得了经纬创投的 500 万美元注资和祥峰领投的 3000 万美元 B 轮融资，但跨境电商作为一个近乎零门槛的领域，有资源有流量的大公司可以随意进入，在流量、资本、品牌资源都雄厚的巨头面前，蜜淘的优势开始变弱。目前进口跨境电商的竞争都是围绕着全球爆款商品在打价格战，伴随国内电商巨头涌入，进口跨境电商的竞争必须要依靠巨额资金投入支持。

2015 年 9 月，蜜淘转型为专注和聚焦于韩国商品进口的中韩跨境电商，这是蜜淘的第二次转型。跨境电商本来就是大电商行业的细分领域，蜜淘定位于中韩跨境电商，可以说是"细分中的细分"。相比于"大而全"的电商平台，"小而美"的跨境电商优势在于更加专注商品，可能带来更高的转化率，对采购等供应链的流程把控更有效率，但同时也面临着覆盖人群有限、推广需要更加精准、营销需要更具目的性等现实问题。要在跨境电商自营进口行业取得盈利，关键在于三点：货源稳定充足、物流通道高效、不打价格战，即对上游供应链、中游物流通道、下游终端市场的全面把控。在供应链上，蜜淘已与韩国最大的几类供应链建立战略合作关系，所有采购都来源于韩国本土。在物流方面，蜜淘采用"集货模式"。蜜淘已在韩国建立自营仓库，通过与保税区的合作建立自己的集货模式，商品在韩国打包分拣后通过集货模式能很快地运送到用户手上，不需要再通过复杂的转运。在终端方面，蜜淘将推出一个"韩范儿"社区产品，通过韩国购物、旅游、时尚等方面集中大量对韩国感兴趣的人群，这部分人群将会通过社区分享他们的韩国经历与经验，让更多人知道韩国本土品牌与韩国本土优势，让更多商品和信息被挖掘，形成一个开放式的购物交流社区。

转型后的蜜淘将会重点在导购、品牌、专题等方面进行商品的包装，社区是对用户兴趣的一种分享与驱动，形成整体的互动与循环。蜜淘这种对韩国商品的极度聚焦在获得一帮忠实的粉丝用户后，很容易盈利；反之，也很容易消亡。在过去的发展中蜜淘相当于"摸着石头过河"，走过弯路也栽过跟头，好在"船小好掉头"。蜜淘从早期的代购转型为以自营为主，兼顾海外代购，之后又转型专注做中韩跨境电商。

在进口跨境电商竞争日趋激烈的形势下，想要生存并发展，必须做好上游供应链和中间物流通道，以建立自己独特的竞争优势，进而避免下游终端市场的价格战。对上游供应链的深挖，蜜淘要打造商品的差异化；对中间物流通道的建设，蜜淘要形成配送服务的差异化。只要这两个差异化赢得用户认可，蜜淘就有可能最终实现转型的成功。

四、案例思考与练习

1. 试比较洋码头和蜜淘的进口跨境电商业务在上游供应链、中游物流通道、下游终端市场等方面的特点。

2. 讨论洋码头和蜜淘的进口跨境电商盈利模式哪种更为看好？

3. 洋码头和天猫国际都在做进口电商平台，试问洋码头有何自身的特点可与天猫国际竞争？

五、参考资料

［1］李鹏博. 揭秘跨境电商［M］. 电子工业出版社，2015.

［2］陈明，许辉. 跨境电子商务操作实务［M］. 中国商务出版社，2015.

［3］亿邦动力网，洋码头布局移动社区：切信息不对称痛点 http：//www. ebrun. com/20150929/150718. shtml